Eno Glas

Der Baum der Erkenntnis

Eine einzigartige Geschichte voller Erkenntnis,
Magie und Abenteuer

Bibliografische Information der Deutschen Bibliothek

Die Deutsche Bibliothek verzeichnet diese Publikation in der Deutschen Nationalbibliografie; detaillierte bibliografische Daten sind im Internet über dnb.dnb.de abrufbar.

TWENTYSIX-Der Self-Publishing-Verlag

Eine Kooperation zwischen der Verlagsgruppe Random-House und BoD-Books on Demand

©2021 Eno Glas

Herstellung und Verlag:
BoD – Books on Demand, Norderstedt
ISBN: 9783740772864

Bevor er Indien verliess, schrieb Michael Jackson diese schöne Notiz auf ein Kissen...

Indien, mein ganzes Leben lang habe ich mich danach gesehnt, dein Gesicht zu sehen.

Ich habe dich und dein Volk getroffen und mich in dich verliebt.

Jetzt ist mein Herz mit Kummer und Verzweiflung erfüllt, denn ich muss gehen, aber ich verspreche, dass ich zurückkehren werde, um dich wieder zu lieben und zu streicheln.

Deine Freundlichkeit hat mich überwältigt, dein spirituelles Bewusstsein hat mich bewegt, und deine Kinder haben mein Herz sehr berührt. Sie sind das Gesicht Gottes.

Ich liebe und verehre dich wahrhaftig, Indien. Für immer, fahre fort, die Kinder zu lieben, zu heilen und zu erziehen, die Zukunft leuchtet auf sie.

Du bist meine besondere Liebe, Indien.

Gott möge dich für immer segnen.

Michael Jackson

Auf meinen ausgedehnten Reisen und bei meinen Aufenthalten in Indien bin einmal einem europäischen Schamanen begegnet, der fast dreissig Jahren in diesem Land lebte.

Diese Begegnung wurde die intensivste, lehrreichste und abenteuerlichste Zeit in meinem bisherigen Leben.

Von dieser Zeit handelt diese Geschichte.

Öffne deine Augen, lese und folge den Bildern deines eigenen Films...

Es war ein Zufall, oder vielleicht eben auch nicht. Ich befand mich auf einem Spaziergang entlang an einem einsamen Sandstrand in Süd-Indien, genoss das erste schöne Wetter nach dem trüben, grauen Monsun. Der goldgelbe Sand glitzerte an der Sonne, die Schaumkronen der Wellen schienen schneeweiss.

Das Ziel meines Spazierganges war ein uralter Cashewnussbaum, der in Strandnähe wuchs. Unter diesem Baum erlebte ich vor einigen Jahren zusammen mit Caroline, einer australischen Touristin, einen wunderschönen Tag und eine unvergessliche Liebesnacht.

Cashewnussbäume sind oft so gewachsen, dass die Äste bis zum Boden reichen, sich ein natürlicher Hohlraum bildet, ähnlich einem Zelt oder einer Kuppel.

Dieser, den ich aufsuchen wollte, war besonders schön und üppig zu einer grossen, grünen Halbkugel gewachsen. Innendrin, von aussen nicht ersichtlich, befand sich ein fast kreisrunder Raum, mehrere Schritte breit und gegen drei Meter hoch. In der Mitte ein dreifacher Stamm.

Ob er überhaupt noch stand, der Baum, nach all den Jahren? Vielleicht hatten die Bauern ihn abgeholzt und verfeuert... Aber nein, da stand er. Ich erblickte ihn schon von weitem, schön wie eh und je in seiner ganzen Anmut und voller Pracht. Einen Moment lang stand ich vor ihm, dachte an jene schöne Zeit damals...Was wohl aus Caroline geworden ist? Ob sie Kinder hat, verheiratet ist, ein normales geregeltes Leben führt? Als ich nun so in alten Erinnerungen schwelgend die Aeste langsam aus dem Weg teilte und das Innere des Baumes betrat...traf mich fast der Schlag: in der Mitte des Raumes sass ein ziemlich wild aussehender Typ, nackt, bekleidet mit nur einem

Stringtanga, im Yoga-Schneidersitz auf einer Bastmatte. Der Typ mochte um die siebzig, achtzig Jahre alt sein. Er trug einen weissen, buschigen Santa-Claus-Bart, der ihm bis an die Brust reichte. Das faltendurchfurchte Gesicht wurde von grauen filzigen Haaren umrahmt, aus denen gelbliche, sonnengebleichte Dreadlocks wuchsen. Der Körper des Alten schien nur aus Falten, Knochen, Sehnen und Muskeln zu bestehen, die von einer braunen, lederartigen Haut umspannt wurden.

»Hallo,..hm...ähm, *I am sorry*,« stotterte ich, »ich möchte nicht stören. Eigentlich habe ich hier niemanden erwartet.«

»Kein Problem«, entgegnete der Alte, »ich fühle mich nicht gestört, mir scheint eher, dass meine Anwesenheit hier, dich etwas stört?«

»Nein, nein, ich bin nur ein wenig erschrocken, man trifft hier in Indien in einer solch abgelegenen Gegend ja nicht alle Tage einen Nackten aus dem Westen unter einem Baum!«

»Gleichfalls, es latscht hier in Indien in einer solch abgelegenen Gegend ja auch nicht alle Tage ein "Weisser" einfach so in einen Baum hinein«, grölte der Alte aus fast zahnlosem Mund. »Komm, setz dich, willst du ein Glas Limonenwasser?«, fragte er.

»Oh, ja gerne, es ist sehr heiss an der *Beach* entlang zu gehen, die Sonne steht schon sehr hoch.«

Ich nahm auf der Bastmatte Platz. Der Alte schöpfte mir aus einem grossen Tonkrug mit einer Kokosnussschalenhälfte ein Glas Wasser in welches er eine halbe Limone presste und eine Prise Salz dazu rührte.

»Übrigens, ich bin Swami Sathyanandapuri man nennt mich auch Schamanen-Swami. Aber nenn mich einfach Swami«, stellte er sich vor.

»Ich heisse Eno.«

»Freut mich, dich kennenzulernen! Aus welchem Land stammst du, Eno, und was führt dich nach Indien unter diesen Baum?«

»Ich komme aus der Schweiz. Diesen Baum kenne ich von früher her, unter ihm habe ich vor einigen Jahren zusammen mit einer australischen Touristin eine wunderschöne Liebesnacht erlebt. Ich dachte, da ich gerade in der Gegend bin, schaue ich wieder einmal bei unserem Liebesbaum vorbei.«

»Und dann sitzt hier, statt ein super Weib mit tollen Kurven«, grölte der Swami, mit der Hand sich auf den Schenkel klatschend, »ein nackter, zahnloser, runzliger, alter Opa! Kein Wunder, dass du so erschrocken bist.«

Wir mussten beide lachen.

»Sag, mal, woher stammst du, Swami«, fuhr ich fort, »und was treibst du hier in Indien unter diesem Baum, ist das hier dein Meditationsplatz?«

»Ich wurde vor zweiundachtzig Jahren in Deutschland geboren. Seit dreissig Jahren lebe ich als Bettelmönch in Indien. Dieser Baum ist mein Zuhause, unter ihm wohne, lebe und schlafe ich seit fast einem Jahr. Sogar den Monsun habe ich hier überstanden. Ich habe einfach eine Plastikplane über die drei grossen Aeste da gespannt und dabei nicht einen einzigen Tropfen abbekommen.«

»Wow... dreissig Jahre in Indien,« staunte ich, »eine lange Zeit! Und von was lebst du, wie verdienst du deinen Lebensunterhalt?«

»Wie gesagt, ich verdiene meinen Lebensunterhalt als Bettelmönch. Beim grossen Shivatempel in Tiruvannamalai findet an jedem Vollmond ein riesiges Fest statt, zu welchem oft tausende von Gläubigen aus ganz Indien hinpilgern. Dort erbettle ich jeweils so viel Geld, dass es bequem bis zum nächsten Vollmond reicht. Die Pilger sind sehr spendabel, die machen so eine Pilgerreise nur einmal in ihrem Leben.«

»Hm...seltsame Berufung für einen Europäer«, entgegnete ich sinnierend, »in Indien als Bettler zu leben.«

»Ich bin ja nicht einfach ein gewöhnlicher Bettler«, erklärte der Swami. »Ich habe hier in Indien den Status eines Swami, eines Guru, Schamanen und Yogi. Ich lebe freiwillig als Bettelmönch, es ist mein Beruf, meine Berufung, verstehst du? Welche Art von Beruf übst du aus, Eno?« fragte er mich.

»Ich habe vieles ausprobiert und angefangen, nichts konnte auf die Dauer befriedigen, alles wurde mit der Zeit langweiliger Trott, Routine und grauer Alltag. Zuletzt arbeitete ich als Bühnentechniker an einem Stadttheater. Eine Zeit lang war ich Sänger einer Popband und Kunstschaffender. Die Band hat sich aufgelöst, meine Bilder wollte keiner haben...Kurzum, Swami, ich bin auf der Suche nach dem Sinn, der Berufung und der Liebe meines Lebens.«

»Alles klar«, meinte der Swami kopfnickend. »Du weisst wenigstens, was du suchst! Bist du alleine unterwegs hier in Indien, oder wartet da in irgend einem Hotelzimmer oder einem Strandbungalow eine Frau auf dich?« wollte er wissen.

»Nein, ich bin solo unterwegs, es gibt da eine Frau in der Schweiz - Erica heisst sie. Seit zwei Jahren sind wir mehr oder weniger zusammen...Die Liebe ist eine komplizierte Geschichte. Wie sieht's bei dir aus, Swami, mit der Liebe, hast du sie gefunden?«

»Ich kann nicht klagen,« meinte er schmunzelnd, »Du hast wohl gedacht, so ein alter Yogi lebt im Zölibat. Ich bin seit sieben Jahren mit Lisa zusammen, einer Amerikanerin. Lisa ist vor zwei Wochen nach Calcutta abgereist, sie besucht dort für die nächsten drei, vier, Monate eine Yogaschule.«

Im Geist sah ich ein altes, zahnloses, lustiges Weibchen dem Swami ähnlich, mit filzig grauen Dreadlocks, an einem Alters-Yogakurs.

»Willst du ein Bild von ihr sehen?«, fragte er mich und reichte mir ein Foto, das er in einem Buch zwischen den Seiten aufbewahrte.

»Wow.., Swami, entfuhr es mir, »wo hast du denn die aufgerissen?«

»Da staunst du, was Eno? Du dachtest wohl, ich bin mit einer alten, keifenden Hexe zusammen.«

»Das nun auch nicht gerade, aber dass du mit einem dreissigjährigen Super-Model zusammen bist, hätte ich nicht gedacht, Swami.«

»Lisa ist dreiunddreissig Jahre alt, wir haben uns vor sieben Jahren beim grossen Shivatempel in Tiruvannamalai kennengelernt. Ich hatte eigentlich mit den Weibsbildern abgeschlossen - doch im Leben kommt es oft anders als man denkt.«

»Wohnt sie auch hier unter dem Baum?«, fragte ich.

»Du willst alles ganz genau wissen, he«, rief der Swami. »Nein, sie hat noch ein Zimmer in der Stadt. Sie wohnt mal hier, mal dort. Lisa ist eine tolle Lady«, schwärmte er.

»Wahnsinnstyp«, dachte ich, »lebt in Indien als Bettelmönch, zählt zweiundachtzig Lenze und hat so eine Frau!«

Da ich mit meinem Freund Angelo in der Stadt zum Mittagessen verabredet war, musste ich schon bald los und mich vom Swami verabschieden. Als ich ihm einen 100-Rupien-Schein spenden wollte, lehnte er dankend ab.

»Du warst mein Gast, Eno, von Gästen nehme ich kein Geld an. Es war schön, dich kennengelernt zu haben. Komm wieder einmal vorbei. Du bist jederzeit bei mir und deinem Baum willkommen.«

Ich bedankte mich für die Gastfreundschaft und versprach, wieder einmal vorbeizuschauen.

Weil ich etwas spät dran war, nahm ich einen kleinen Fusspfad direkt zur Strasse hoch, welche ein paar hundert Meter weit weg lag. Mit einer Motor-rikscha liess ich mich direkt nach Pondicherry zum Restaurant Ashok chauffieren, wo Angelo schon bei Tisch sass und mich erwartete. - Angelo ist ein alter Freund aus meiner Heimatstadt. Gemeinsam starteten wir vor zwei Monaten diese Indienreise. Weil Angelo noch etwas länger in Calcutta bleiben wollte, hatten wir uns für eine Zeit lang getrennt und stiessen in Pondicherry wieder zusammen.

Wir bestellten uns ein Fischcurry mit Reisbeilage, Chapatis und ein kühles Kingfisher-Bier. Beim Essen berichtete ich ihm von meiner Begegnung mit dem Schamanen-Swami.

»Du bist ein Glückspilz«, meinte er begeistert, »so einem Swami-Schamanen läuft man nicht alle Tage über den Weg. Es ist bestimmt kein Zufall, dass du ihm gerade unter deinem alten Liebes-Baum begegnet bist – das ist ein besonderes Zeichen, bestimmt kein Zufall, es sieht ja schon fast so aus, als ob du bestellt gewesen wärst und er auf dich gewartet hat.«

»Meinst du? Klingt ein bisschen weit hergeholt...aber wer weiss...mich erinnert dieser Swami am ehesten an einen alten Hippie aus den Sechzigern, der irgendwie in Indien hängen geblieben ist. - Erstaunlich, dass der Alte mit einer so jungen Frau zusammen ist...aber Osho war ja auch mit Shila...«

»Da siehst du, Eno, der Typ ist ein Magier, Tantriker, Guru, Schamane und Swami, der Typ ist bestimmt weise und erleuchtet«, meinte Angelo enthusiastisch.

»Naja...« entgegnete ich skeptisch, »offensichtlich, der Alte hat eine Menge durchgemacht in seinem langen Leben, sicher ist er auf seine Art ein weiser alter Mann – doch allwissend und erleuchtet ist er wohl kaum.«

»Vielleicht aber, Eno, ist er nahe dran. Du solltest diesen Swami auf jeden Fall noch mal besuchen.«

»Das werde ich sicher tun...bei dieser Gelegenheit werde ich herausfinden, wie nahe er dran ist.«

Angelo und ich blieben den ganzen Nachmittag über im selben gemütlichen Dachgarten-Restaurant unter Sonnenschirmen bei Kaffee, Lassis und Kuchen sitzen. Wir diskutierten über die Liebe, das Leben, die Berufung, über Gott und die Welt. Dabei kamen wir zum Schluss, dass die wahre Liebe und die wahre Berufung wohl das Erstrebenswerteste im Leben sind. Wir realisierten jedoch auch, wie wenige Menschen diese Ziele wirklich erreichten.

»Eno, wie du weisst, besuche ich seit einer Woche eine Yogaschule, es sind noch Plätze frei, hast du nicht Lust mitzutun? Der Yogalehrer ist ein super Typ, der hat's voll drauf, Vijai heisst er, einer der Besten!«

»Hm...ich weiss nicht so recht. Yoga würde mir bestimmt ganz gut bekommen, doch irgendwie fehlt mir die Motivation dazu oder vielleicht ich bin einfach nur zu faul. Wie sieht's mit den Frauen aus? Gibt's in eurer Yogaklasse ein paar tolle Weiber?«, wollte ich wissen.

»Du bist immer noch der Alte, Eno – immer hinter den Weibern her! Sicher, da gibt es ein paar tolle Frauen, die sind so beweglich, gegen die bist du eine steife Stange!«

»Das ist ja genau was die brauchen – eine steife Stange«, witzelte ich und lachte.

»Verschone mich mit deinem Chauvi-- und Machogehabe«, winkte Angelo grinsend ab und gab mir einen leichten Boxer auf den Oberarm. »Ich geh mal los«, meinte er, »In einer Stunde fängt der Yogakurs an, ich muss vorher noch unter die Dusche.«

Wir verabschiedeten uns. Ich begab mich auf mein Zimmer in der Amala-Lodge, wusch dort einige Wäschestücke und ruhte mich ein wenig aus. Das Nachtessen nahm ich im Indian-Coffeehouse ein, wo ich eine riesige Masala Dosa verdrückte. Zum Nachtisch genoss ich relaxt und zurückgelehnt einen Kaffee. Die Ventilatoren drehten dabei gemütlich ihre Kreise. Die Fliegen flogen brummend ihre Kurven und die Kellner schlurften mit Silbertabletts um die Tische. Vor dem offenen Eingangsportal standen ein paar zerlumpte Bettler. Auf der staubigen Strasse bewegte sich ein stockendes Chaos von Autos, Rikschas, Fussgängern, Fahrrädern und heiligen Kühen.

Einige Tage später, beim Einkaufen auf dem Früchtemarkt, kam mir spontan die Idee, den Swami zu besuchen und ihm einige Früchte mitzubringen. Auf dem Früchtemarkt herrschte ein grosses Gedränge, es war hektisch und laut. Als einziger Westler fiel ich dementsprechend auf. Die Marktfrauen schrien, lachten, winkten und schnatterten um meine Gunst. Ich feilschte an etwa fünf Ständen gleichzeitig und war am Schluss ziemlich gestresst und genervt. Die Marktfrauen hatten ihre helle Freude. Als Trost schenkte mir eine der Frauen drei Limonen, eine andere legte eine kleine Blumengirlande um meinen Hals. Ich war gerührt, der Stress war vergessen. Bei der nächsten *Cyclestore* mietete ich mir ein Fahrrad, damit fuhr ich die fünf Kilometer der Strasse entlang, den schmalen Fusspfad runter direkt zu Swamis Baum.

»Guten Tag, Swami, hallo«, begrüsste ich ihn, »hoffentlich komme ich nicht ungelegen. Ich habe gedacht, ich schaue mal vorbei und bringe dir ein paar Früchte mit.«

»Mensch, Eno – du kommst wie gerufen, sei willkommen. Ich wollte gerade hoch zum Weiler um mir Bananen und Limonen zu kaufen. Komm, lass uns doch einen Fruchtsalat zubereiten!«

Der Swami holte einen Alutopf, Messer, Löffel und zwei Teller, dann begann er sorgfältig, die Ananas, die Papaya, Aepfel und Bananen zu schälen. Ich schnitt sie zu Scheibchen, Rädchen und Würfeln. Am Schluss träufelten wir Limonensaft darüber, mischten etwas Zucker sowie Kokosraspel dazu. Der Fruchtsalat schmeckte köstlich. »Götterspeise«, befand der Swami.

Ich erzählte ihm von meiner Diskussion mit Angelo, bei der wir herausgefunden hatten, dass man ohne wahre Berufung, ohne wahre Liebe nie wirklich glücklich sein konnte, dass es eigentlich das Wichtigste im Leben wäre, danach zu streben und zu suchen.

»Alle Achtung«, nickte der Swami anerkennend, »da habt ihr ja eine ganze Menge herausgefunden. Das sind doch immerhin schon zwei Drittel der Essenz. Zur wahren Liebe und zur wahren Berufung kommt noch die wahre Wahrheit hinzu – aller guten Dinge sind drei!«

»Wo und wie finde ich die wahre Wahrheit, Swami? Es gibt so viele Wahrheiten, Ideologien, Religionen und Weltanschauungen, wie soll da einer noch den Durchblick behalten? - Jeder meint er hätte die Wahrheit für sich gepachtet!«

»Frag das mal einen Detektiven, der gerade einen verzwickten Kriminalfall bearbeitet, auch er sucht in seinem Fall die Wahrheit, auch er muss – ähnlich wie ich – Spuren sichern, Lügen aufdecken, Indizien sammeln und Beweise erbringen. Auch er darf sich nicht mit Hypothesen, Halb- oder Teilwahrheiten abfinden. Es existiert in jedem Fall – auch zu grossen Fragen – nur eine einzige Wahrheit! Es kann nicht mehrere Wahrheiten geben! Das wäre ja ein Widerspruch. Zu allen Fragen gibt es nur eine richtige Antwort und somit eine einzige Wahrheit. Die gesamte Wahrheit oder die Summe aller Wahrheiten, setzt sich aus vielen einzelnen Teilen oder Fragmenten zusammen, ähnlich einem Puzzlespiel. Das gesamte Spiel zusammenzusetzen ist eine hohe Kunst!

In Andersons Märchen, "Die Eiskönigin" steht: "Der Spiegel der Wahrheit ist vor langer Zeit kaputtgegangen. Die Scherben wurden dabei auf der ganzen Welt verstreut. Jeder Glassplitter ist ein Teil der Wahrheit."

Unsere Aufgabe, Eno, ist es, die Scherben zusammenzusuchen und den Spiegel der Wahrheit wieder zusammenzusetzen. Auch in Herrmann Hesses Buch "Das Glasperlenspiel" geht es um dieses Thema. «

»Hast du denn die Glassplitter gefunden, Swami, und den Spiegel der Wahrheit wieder richtig zusammengesetzt?«

»Noch nicht ganz, es fehlen mir dazu noch ein paar kleinere Stücke. Ich kann jedoch einen grossen Teil der Wahrheit erkennen.«

»Wo und wie soll ich denn die Wahrheit suchen, Swami? Sie liegt ja nicht überall einfach so offen herum.«

»Du kannst überall Teile der Wahrheit finden, Eno. Du musst sie nur sehen wollen, offen sein dafür. Das Ganze ist bei weitem nicht so kompliziert und schwer wie du denkst. Wenn du dich eine Weile damit beschäftigst, entsteht eine Eigendynamik. Du lernst zu analysieren, zu unterscheiden und zu kombinieren um den Spiegel richtig zusammenzusetzen. Ein Teil ergibt den andern.«

Der Swami musterte mich mit zusammengekniffenen Augen.

»Eno, du siehst so aus, als wärst du ziemlich weit herumgekommen in der Welt?«

»Das kann man wohl so sagen, Swami, Ich habe ein Jahr in Amerika gelebt sowie ein Jahr in Berlin, bin durch ganz Asien und Südamerika gereist. In Indien verbrachte ich, alle Reisen zusammengezählt zwei Jahre. Ich habe eine Menge erlebt und durchgemacht auf diesen Reisen. Ich war da nicht einfach in den Ferien.«

»Wow«, staunte der Swami, »das ist ja allerhand, das habe ich vermutet, ich hab's dir angesehen. Mir scheint, du bist so der Forscher, Abenteurer und Entdeckertyp. Was sind deine nächsten Pläne, Eno, was hast du vor in naher Zukunft?«

»Hm…ich weiss noch nicht so recht – noch ist alles offen, im Moment habe ich keine grossen Pläne. Ich will hier in Indien überwintern, das Leben geniessen und eine tolle Zeit haben. Später, wenn das Wetter im Norden wärmer ist, reise ich vielleicht mit meinem Freund Angelo nach Rishikesh. Auf jeden Fall suche ich mir ein Zimmer oder ein Haus in Strandnähe, die Amala-Lodge ist mir einfach zu zentral, zu teuer und zu laut. Danach werde ich weitersehen.«

Der Swami schwieg eine Weile und sagte dann: »Eno, es existiert nicht nur die äussere Welt, es gibt auch noch eine innere Welt, eine geistige Welt. Du hast einen grossen Teil der äusseren Welt bereist, von der inneren, geistigen Welt hast du jedoch noch nicht so viel entdeckt. Hast du nicht Zeit und Lust, die unentdeckten Kontinente deiner geistigen Welt zu entdecken, zu erforschen und zu bereisen?

Ich, Swami Sathyanandapuri, bin einer der besten Tourguides auf diesem gottverdammten Planeten! Ich mache dir einen Vorschlag, zieh doch einfach hierher zu mir unter den Baum, es ist genug Platz für uns beide da. Dieser Baum ist der exklusivste Natur-Strandbungalow der Welt. Auf dem Reisfeld da drüben gibt es eine Elektropumpe, die zur Bewässerung dient, dort kannst du dich waschen und duschen, die Toilette befindet sich da hinten im Wäldchen. Zu Essen bekommst du beim Weiler an der Strasse oben – was willst du mehr? Du solltest allerdings nur das Allernötigste an Kleidern und persönlichen Sachen mitbringen. Die Fischer sind so arm, die stehlen dir, wenn es sein muss, sogar deine alte Zahnbürste oder die letzte Seifenkante. Es ist jetzt allerdings schon lange nichts mehr weggekommen. Am Anfang, die erste Zeit hier, war es schlimm, die klauten sogar einen alten Slip von Lisa den sie zum trocknen an einen Ast gehängt hatte. Dann hat der Feuerbestatter ein Machtwort gesprochen, den Fischern die Leviten gelesen. Seither habe ich meine Ruhe.«

»Was für ein Feuerbestatter?«, wollte ich wissen.

»Das erzähle ich dir ein anderes Mal, Eno, was hältst du von meinem Vorschlag?«

»Hm...ich weiss nicht so recht...aber wieso eigentlich nicht. Ich wollte ja sowieso umziehen – mit Angelo geht das klar, wir sind uns ja nicht verpflichtet. Wir reisen mal zusammen, mal getrennt. Jeder hat so seine Ziele und Wünsche. Er möchte unbedingt nach Cape Comorin und zu dem Guru Sai Baba, darauf habe ich ohnehin nicht so grosse Lust... okay, Swami, ich nehme deinen Vorschlag an. Mein Hotel ist bis morgen bezahlt, ich werde also übermorgen bei dir einziehen, wenn's dir recht ist.«

»Komm, wann immer du willst, Eno, du bist hier jederzeit willkommen.«

Nach meinem Besuch radelte ich zurück nach Pondicherry, fuhr schnurstracks zum Park Hotel, hoffend, dort Angelo anzutreffen. Ich hatte Glück. Er sass auf der Hotelveranda, in einem Buch lesend.

»Hallo, Angelo, du alter Yogi«, begrüsste ich ihn, »ich war gerade zu Besuch bei diesem Swami unter dem Baum. Mann, ich sag dir, der Typ ist voll drauf, voll abgefahren. So jemanden habe ich noch nie getroffen. Ich dachte immer, Achtzigjährige sind senil. verkalkt und konservativ. Stell dir vor, der Alte hat mich eingeladen, eine Weile lang bei ihm unter dem Baum zu wohnen...ich habe zugesagt! Ich wollte ja sowieso an den Strand umziehen.

»Siehst du, Eno, ich hab's dir gleich gesagt, deine Begegnung mit dem Swami unter deinem alten Liebesbaum ist ein besonderes Zeichen. Das ist bestimmt kein Zufall! Ich finde es eine tolle Idee, dorthin zu ziehen. Ich meinerseits werde in ein, zwei Wochen nach Cape Comorin reisen, von dort hoch nach Kerala und danach zurück nach Pondicherry, mir gefällt es hier. Wir können uns ja in zwei Monaten hier wieder treffen und dann zusammen in den Norden reisen, nach Rishikesh.«

»Abgemacht, das machen wir! Du musst unbedingt, bevor du wegfährst, den Swami und mich besuchen kommen.«

Mit einem Kugelschreiber zeichnete ich die Lage unseres Baumes auf eine Serviette. Im Schatten plaudernd, verbrachten wir den Rest des Nachmittags auf der Hotelveranda und assen zusammen zum Abendessen im Aristo ein Palak Panier.

Am nächsten Tag checkte ich aus der Amala-Lodge. Mein Gepäck stellte ich auf unbestimmte Zeit gegen eine Gebühr im Lockroom unter.

Lediglich mit einer Hose, drei T-Shirts, ein paar Baumwolltüchern, Sandalen, Bastmatte, Decke und einer Handvoll Toilettenartikel zog ich beim Swami unter dem Baum ein.

»Eno, hallo...da bist du ja – herzlich willkommen an Bord unseres Raumschiffs«, begrüsste er mich. »Wie ich sehe, hast du nicht viel mitgebracht, das ist gut so! Je weniger man besitzt, umso freier ist man – Besitz ist Ballast! Ganz am Ende können wir sowieso nichts mitnehmen. Das letzte Hemd hat bekanntlich keine Taschen. Es schadet also nichts, wenn wir das Loslassen schon zu Lebzeiten ein wenig üben.«

Ich rollte meine Bastmatte im hinteren Teil des Raumes auf dem Sandboden aus, legte meine Decke darauf und hängte den Baumwollbeutel mit meinen Habseligkeiten an einen Ast. Den Reisepass, die Cash-Dollars und das Rückflugticket vergrub ich heimlich - als der Swami gerade auf Toilette war - in einer Plastikdose, die ich extra für diesen Zweck mitgenommen hatte, im Sand unter dem Baum. Ich traute zwar dem Swami – aber sicher ist sicher, denn ich hatte auf meinen Reisen in Indien schon viele schräge Vögel, Freaks und gestrandete Existenzen angetroffen. Das Vergraben hatte auch den Vorteil, dass ich die Wertsachen nicht ständig auf mir tragen und darauf achten musste.

Der Swami selber lebte absolut spartanisch, er besass praktisch nichts. Seine Kleider bestanden aus einigen Stringtangas und Tüchern. Zudem besass er eine Decke, eine Petroleumlampe, eine Taschenlampe, etwas Essgeschirr, drei Bücher, Schreibzeug, ein paar Bogen Papier sowie einen Umhängebeutel mit allerhand Krimskrams drin.

Unser Baum stand auf einem wunderschönen, palmenbewachsenen Areal. Zweihundert Meter vor uns glitzerte das türkisblaue Meer. Ein paar Schritte seitlich erstreckte sich ein kleines Reisfeld in fluoreszierendem Frühlingsgrün. Nicht weit, auf der anderen Seite, sah man ein Fichtenwäldchen. Zum Weiler Kottakuppam an der Strasse waren es wenige hundert Meter einen Fusspfad entlang, vorbei an einem Ziehbrunnen und zwei kleinen Bauernhäusern. An der Strasse im Weiler gab es drei kleine Foodstalls, wo man einfache, indische Mahlzeiten bekam. Es gab auch eine Art Kiosk, der vom Bindfaden bis zum Bonbon alles führte sowie einen Früchtestand – was wollte ich mehr? Es war alles da!

Am Nachmittag genoss ich ein ausgiebiges Baden, Schwimmen, Planschen und Bodysurfen im Meer. Anschliessend testete ich im Reisfeld die elektrische Wasserpumpendusche. Aus einem armdicken Rohr klatschte mir in einer Fontäne das kühle Nass entgegen, – was für ein Luxus in Indien. Ich hatte selten schöner geduscht. Als Krönung trank ich unter unserem dem Baum eine grosse, grüne Trinkkokosnuss.

»Hey, Swami, ich habe mich schon lange nicht mehr so gut gefühlt. Ich finde, es ist fantastisch hier.«

»Eines noch fehlt dir zum grossen Glück«, warf der Swami ein, »nämlich eine schöne Lady in einem sexy Bikini.«

»Daran habe ich im Moment überhaupt nicht gedacht, jedoch jetzt, wo du mich drauf bringst, muss ich gestehen, das wäre natürlich nicht schlecht – ich bin ja kein Kostverächter! Caroline, die Australierin, mit der ich vor ein paar Jahren hier war, hat mega sexy ausgesehen, Mann! Wenn ich daran denke...Wir erlebten unter diesem Baum eine traumhafte Zeit voller Ekstase und Schönheit! Wir sind im Meer geschwommen wie die Delfine, in der Nacht haben wir uns unter diesem Baum geliebt wie ein Götterpaar. Caroline war eine wahnsinnig tolle Frau, einmal hatten wir uns sogar im Taj Mahal geliebt.«

»Du meinst, ihr hattet Sex im Taj Mahal?!

»Sex, ist in diesem Fall zu billig ausgedrückt, Swami, es war eine Dimension mehr.«

»Wow!« staunte der Swami. »Das klingt ja sagenhaft, los erzähl, dass interessiert mich, ich bin gespannt wie eine Feder.«

»Also...Nach sechs holprigen Stunden Busfahrt von New-Delhi herkommend, erreichten wir am Abend, es war schon dunkel, die Stadt Agra wo das berühmte Taj Mahal steht. Wir checkten in einem Hotel ein und assen eine Kleinigkeit in einem nahen Restaurant. Caroline wollte unbedingt noch an diesem Abend zum Taj. Da ich angenommen hatte, wir würden das Taj erst morgen bei Tageslicht besichtigen, war ich über diese Idee etwas skeptisch, zeigte keine grosse Lust...ich lies mich dann doch überreden – Frauen halt...? Wir holten aus dem Hotelzimmer unsere Taschenlampen, da es draussen etwas kühl war, hängte sich Caroline noch eine Decke über die Schulter. An der Hotel-Reception fragten wir wo das Taj zu finden sei.«

»Fünfhundert Meter die Strasse hoch, sie laufen direkt darauf zu.«

Wir machten uns auf den Weg. Auf der sehr spärlich beleuchteten Strasse waren kaum Passanten anzutreffen. Nach ein paar hundert Metern gab es überhaupt keine Beleuchtung mehr und keine Häuser. Nur der Mond und die Sterne spendeten ein wenig Licht. Offensichtlich waren wir an den Stadtrand gelangt. Wir schalteten unsere Taschenlampen ein und gingen langsam weiter. Keine Menschenseele war zu sehen nur ein paar Ziegen in der Nähe meckerten einsam durch die Nacht.

Plötzlich...Wham, erblickten wir vor uns, wie aus dem Nichts eine riesige, majestätische, schwarze Silhouette vor dem Sternenhimmel ragen... Das Taj Mahal – Das Mausoleum der ewigen Liebe!

Langsam, entlang einem Brunnen-Bassin bewegten wir uns darauf zu. Keine Security, keine Wärter, keine Touristen, keine Besucher. Wir waren vollkommen alleine! Ehrfürchtig schritten wir durch das Hauptportal und gelangten in die Krypta wo der Kaiser und seine Gemahlin beigesetzt sind. In der Mitte standen nebeneinander die beiden Sarkophage des Kaiser-Ehepaares. Die stille Anmut, Schönheit und Erhabenheit dieser Krypta berührte und ergriff uns sehr.

Danach schlenderten wir vorsichtig durch die Gänge und Galerien. Unsere schwachen Taschenlampen vermochten die riesigen Dimensionen des Taj kaum auszuleuchten. Auf einem der Balkone im zweiten Stockwerk setzten wir uns auf Caterinas Decke, rauchten einen Joint und genossen die Ruhe und den Blick zum Sternenhimmel.

Nach einer Weile legte Caroline sanft eine Hand um meinen Nacken und gab mir einen langen, innigen Kuss...in der Art und Weise wie das Frauen tun, wenn sie noch mehr im Sinn haben...Auf diese Idee war ich nicht gekommen - da war sie mir voraus – Aber wieso eigentlich nicht. Das Taj ist ja keine Kirche! Ich zerstreute meine Bedenken und gab mich dem Liebesspiel hin...es war berauschend!

Man stelle sich vor, wir befanden uns im bekanntesten, berühmtesten Wahrzeichen Indiens, in einem der bedeutendsten Gebäude der Welt...Im Mausoleum der ewigen Liebe.

Unser Liebesabenteuer im Taj war absolut magisch, ekstatisch und wunderschön. Diese einzigartige Location, dieses einmalige Erlebnis beflügelte uns beide.

Zum Ausklingen rauchten wir noch einmal einen Joint, anschliessend machten wir uns auf den Weg zurück ins Hotel. Am nächsten Morgen besuchten wir bei Tageslicht noch einmal unser Taj Mahal. Es war eine ganz andere Atmosphäre als in der Nacht. Hunderte von Besuchern und westliche Touristen schlenderten oder standen herum. Auf unserem Balkon konnten wir uns ein stilles Lächeln nicht verkneifen...Wenn all die Leute wüssten...?

(Heutzutage wäre diese Geschichte nicht mehr möglich. Das Taj Mahal wird heute in der Nacht von riesigen Flutlichtern taghell beleuchtet und vierundzwanzig Stunden überwacht Das Gelände ist mit einem zwei Meter hohen Eisenzaun umgeben. Am Eingang muss jeder Besucher durch einen Metalldetektor).

Der Swami fand meine Geschichte sehr amüsant und war sichtlich beindruckt.

»Wie lange ist das her, dass du mit Caroline unter diesem Baum warst,« wollte er wissen

»Hm...warte mal – das muss jetzt sieben Jahre her sein, damals war es auch Ende Januar. Ich würde sagen, es ist fast auf den Tag sieben Jahre her.«

»Was denkst du, hat diese Genauigkeit eine Bedeutung für dich?«, fragte er weiter.

»Ich weiss nicht, Swami, eigentlich nicht, ich würde meinen – Zufall eben.«

»Eno, du weisst ja, wer meint und glaubt – nämlich jene, die nicht wissen! Zufall, meinst du? Ich glaub's ja nicht! Die PC-Generation glaubt noch an die Darwinsche Lehre der Zufälle. Ja meinst du, die Welt sei zufällig entstanden? Ich kann dir versichern, die Welt wurde geplant, designt, entworfen und programmiert. Du denkst wohl, die Sonne hat rein zufällig genau den richtigen Abstand zur Erde, he? Ich kann dir sagen, gemessen an den Billionen Kilometern an Unendlichkeit wurde die Sonne verdammt genau aufgehängt –

auf den Millimeter genau! Ein paar Kilometer näher und wir hätten 70 Grad im Schatten, ein paar Kilometer weiter würden wir uns den Arsch abfrieren.

Es gibt keinen Zufall, alles hat seine Regel und sein Gesetz. Nichts passiert rein zufällig, alles hat seinen Grund, seine Absicht. Das Chaos hat seine Ordnung! Diese scheinbaren Zufälle sind genau getimte Parallelitäten, die synchron zeitlich aufeinandertreffen. Diese zufälligen Ereignisse und Geschehnisse enthalten eine Message und Information, Du solltest dich fragen, warum und wieso passiert mir ausgerechnet dieser Zufall? Wieso fällt mir etwas zu? Der Zufall ist auffällig – sonst würde er gar nicht auffallen – er wäre ein bedeutungsloses Ereignis.

Und wenn du jetzt immer noch denkst, dass du vor sieben Jahren rein zufällig hier warst und jetzt, genau sieben Jahre später wieder zufällig hier bist, zufällig mich triffst und ich zufällig dich, nur weil wir beide nichts Gescheiteres zu tun haben, irrst du dich.

Wenn mehrere Zufälle aufeinander treffen spricht man von einer Verkettung von Zufällen. Ich habe vor genau sieben Jahren Ende Januar von meinem Bruder einen Brief bekommen. Darin schrieb er, ich sei ein gestrandeter, irrer, verblödeter Hippie, ein Sozialfall – Er war sein ganzes Leben ein biederer, verklemmter Beamter und musste seinen Lebensfrust an mir auslassen. Dieser Brief hat mich tief getroffen und verletzt...

Genau einen Tag nach diesem traurigen Brief haben Lisa und ich uns beim Shivatempel kennengelernt. Sie wiederum bekam am selben Tag von ihrem Vater, einem millionenschweren amerikanischen Juden, einen Brief, darin teilte er ihr mit, dass er ihr in Zukunft alle Unterhaltszahlungen verweigern und sie enterben würde, weil sie als Jüdin zum Hinduismus konvertiert sei und als Amerikanerin in einem unzivilisierten Land wie Indien leben würde.«

»Es ist schon eigenartig, Swami, am Tag vor der Begegnung mit Caroline erhielt ich Post von meiner damaligen Freundin – sie hatte sich in einen anderen Typen verliebt und gab mir den Laufpass. – All diese Ereignisse fanden vor genau sieben Jahren statt – was das wohl alles zu bedeuten hat?«

Der Swami dachte eine Weile konzentriert nach.

»Eno, ich hab's.« Er klatschte sich auf den Oberschenkel, blickte um sich, als könnte uns jemand beobachten. »Eno«, sagte er leise, »Ich weiss jetzt, warum ich seit zehn Monaten unter diesem Baum sitze, ich habe auf dich gewartet und du hast mich gesucht, genauso ist es und nicht anders!«

»Hm...wenn das deine Schlussfolgerung ist, Swami, dann bin ich froh, dass ich dich gefunden habe. Was denkst du ist der Sinn und Grund dieses Zusammentreffens?«

»Das, Eno, wirst du unter diesem Baum erfahren und herausfinden!«

Mittlerweile war es Abend geworden, mir knurrte so langsam der Magen. Seit dem Frühstück hatte ich ausser zwei Bananen nichts mehr gegessen.

»Swami, ich geh zum Weiler hoch zu einem dieser Foodstalls. Hast du Lust, mich zu begleiten, oder soll ich dir vielleicht etwas mitbringen?«

»Ich denke, ich bleibe heute hier, ich esse selten ein Abendbrot. Du könntest mir jedoch einen Kaffee mitbringen, in der Thermoskanne da, sowie ein paar Coco-Cookies.«

Ich begab mich zum Weiler, dort setzte ich mich in den Delight-Foodstall. Diese Foodstalls sind winzige Restaurants in Garagengrösse, die man überall in Indien sieht, sie bieten etwa acht bis zehn Personen Platz. Das Mobiliar ist klein und einfach. Aus dem Delight's plärrte aus einem voll aufgedrehten Radio dröhnender Hindi-Pop. An der niederen Decke surr-te ein Ventilator bei höchster Tourenzahl. Ich bestellte mir ein klassisches Indian-Thali, das auf einem grossen grünen Bananenblatt serviert wurde. Das Thali schmeckte ausgezeichnet. Der Koch freute sich und offerierte mir zum Dessert einen Betelnuss-Pan, den ich mir hinter die Backe schob und genüsslich kaute. Am Schluss liess ich die mitgebrachte Thermoskanne mit Kaffee auffüllen, kaufte eine Tüte Coco-Cookies und bezahlte die Rechnung.

»Du sein ein Freund von die Swami?« fragte der Koch.

»Ja ich bin ein Freund von Swami.«

»Swami sein guter, heilige Mann. Ich habe sehr gerne.
»Aus welche Land du kommen?« fragte er.

»Ich komme aus der Schweiz.«

»Oh, Schweiss sein ein reiche Land. India sein arm. Wie du heissen?«

»Ich heisse Eno, und wie heisst du?«

»Mein Name sein Amukaram.«

»Hat mich gefreut, Amukaram, du bist der beste Koch in ganz Indien, bis ein andermal, gute Nacht.

»Good nigth, thank you, Sir«, erwiderte er strahlend.

Zurück beim Baum genossen wir im Schein der Petroleumlampe den Kaffee und die Coco-Cookies. Wenig später wünschte ich dem Swami eine gute Nacht und rollte mich in meine Decke – meine erste Open-

Air-Nacht unter dem Baum. Der Swami schmökerte noch ein wenig in einem seiner Bücher, während ich mich vom fernen Sound der Wellen in den Schlaf wiegen liess.

Als ich aufwachte, stand die Sonne dunkelorange knapp über dem Meeresspiegel. Ich hatte sehr gut geschlafen, viel besser als in der stickigen, lauten Amala-Lodge auf dem viel zu kurzen Bett. Ich fühlte mich wie neu geboren.

Der Swami war schon wach. Er sass meditierend im Lotossitz auf seiner Bastmatte. Ich versuchte es ihm gleichzutun, indem ich meine Beine kreuzte und die Augen schloss.

»Konzentriere dich nur auf deinen Atem«, sagte er nach einer Weile, »atme tief, langsam und bewusst, schalte alle deine Gedanken aus.«

Ich tat wie geheissen - nach ein paar Minuten überkam mich eine schwebende Leichtigkeit. Für einige Momente lang verschmolz ich mit meinem Atem und dem Herzschlag. Nach der Meditation tat der Swami noch einige Yogaübungen, auch diese versuchte ich nachzuahmen.

»Halte dich an meinen Atem«, sagte er, »Atmen ist das Wichtigste beim Yoga. Denke und lenke deinen Atem an die Stelle, wo es zieht und schmerzt. Versuche, jeweils beim Einatmen die Stellung etwas zu steigern und entspanne sie leicht beim Ausatmen. Fühle dich in deinen Körper und werde eins mit ihm.«

Wir praktizierten etwa eine halbe Stunde lang Yogaübungen. Im Vergleich mit dem Swami kam ich mir vor wie ein alter Mann. Seine Beweglichkeit und Elastizität waren erstaunlich! Mir tat jeder Muskel, jede

Sehne weh. Die Übungen zeigten ihre Wirkung... danach fühlte ich mich körperlich wie frisch ausgerichtet.

»Eno, ich gehe zum Weiler hoch und hole uns ein Frühstück. Magst du Idlis mit Coconut-Chutney?«

»Klar, Mann, ist mein indisches Lieblingsfrühstück!«

Als ich von meiner Morgentoilette, die im Wäldchen und bei der Wasserpumpe stattfand, zurückkam, war der Swami gerade dabei, aus einer Gamelle die Idlis und den Chutney auf zwei Teller zu verteilen. Dazu gab es frischen Kaffee aus der wieder aufgefüllten Thermoskanne.

Was für ein Genuss, dieses Frühstück! Die Idlis waren genauso wie sie sein sollten, das Coconut-Chutney genau mein Geschmack, der Kaffee genauso wie ich ihn liebte.

»Swami, du bist ein Genie, ein wahrer Lebenskünstler!«

»Wieso meinst du?«

»Einfach so, weil du nichts besitzt und doch alles hast! Du liebst eine schöne Frau, wohnst in einem Strandhaus, lebst deine Berufung, bist zufrieden, glücklich und gesund. Du besitzt Weisheit, Frieden und inneren Reichtum.«

»Daran, mein Freund«, entgegnete der Swami, »habe ich lange und hart gearbeitet, dabei auf vieles verzichtet – das war meine Art von Karriere! Um nichts auf der Welt möchte ich mit einem dieser Millionäre oder Milliardäre tauschen. Strahlen diese Glück aus, Zufriedenheit, Gelassenheit? Sie müssten doch eigentlich lachend durch diese Welt gehen und glücklich sein – aber nein, sie sind es nicht! Und wieso nicht? Weil sie geldgierige Süchtige sind, die immer mehr Stoff brauchen. Süchtige sind nie glücklich und gelassen und wenn, dann nur für ganz kurze Momente, bis der nächste Schuss oder die nächste Million drin ist, aber die Wirkung lässt schnell nach.

Warum gibt es so viele Heroin-, Kokain-, Tabak-, TV-, Psychopharmaka-, Fress- und Alkoholsüchtige? Ich kann dir sagen warum: Weil jeder vor sich selber davonläuft – auf seine Art. Und wieso läuft jeder vor sich selber fort? Weil da eine innere Leere ist – die Leere der inneren Werte! Diese innere Leere versuchen wir mit allerlei Drogen und äusseren Werten zu kompensieren, was natürlich nicht funktioniert. Gegen diesen Frust nehmen und brauchen wir allerlei Drogen, die uns eine Illusion von Glück versprechen oder wir schaffen uns künstliche Scheinwelten. Im Wort "Sucht" steckt das Wort "suchen". Die meisten suchen am falschen Ort und finden nichts, dann gibt es noch diejenigen die an falsche Gurus und Propheten gelangt sind. Jene sind in einer Sackgasse verirrt und noch ärmer dran als diejenigen, die nichts gefunden haben.«

»Glaubst du eigentlich an Gott, Swami?« fragte ich.

»Hast du "glauben" gesagt, Eno? Nein, ich glaube an rein gar nichts – Die Nichtwissenden beschränken sich aufs Glauben – Die Weisen wissen! Ich kann an Gespenster glauben, an Heinzelmännchen oder Osterhasen. Ich kann theoretisch an jeden Un- und Blödsinn glauben. Es hängt einfach davon ab, wie naiv ich bin. Ich kann an Gott glauben, ich kann ihn vermuten oder wissen, dass es ihn gibt. Denk an unseren Detektiven, Eno, wo käme der mit blossem Glauben hin?

Vor eintausend Jahren glaubten die Menschen, die Erde sei eine Scheibe. Anhand von ein paar Indizien vermuteten einige verwegene Seefahrer und Astrologen, es könnte auch eine Kugel sein. Eine kleine Elite von Gelehrten, Astronomen und Weisen, die ihrer

Zeit voraus waren, besass noch mehr Indizien und Hinweise – Sie wusste, dass die Erde eine drehende Kugel ist. Galileo Galilei war einer von ihnen, er bezahlte dieses Wissen auf dem Scheiterhaufen – Die Kirche wollte sein Wissen nicht wahrhaben.

Unter den Gläubigen gibt es die meisten Fanatiker. Ihr blinder Glaube an eine Religion oder an eine Ideologie hat schon viel Blut und Tränen gekostet! Dabei ist die Ideologie nur eine Idee, eine vermeintlich logische Idee. Auch wenn eine Idee logisch erscheint – eine Idee ist eben nur eine Idee! Und Religion ist ein Andenken an jemanden, dessen Idee oder Reliquien – nicht mehr und nicht weniger!

Eno, du hast mich gefragt, ob ich an Gott glaube? Ich kann dir versichern, ich weiss, dass es ihn gibt, dass er existiert. Er oder sie ist eine unendliche Schöpferkraft die alles durchdringt. Diese Schöpferkraft ist im gesamten Universum präsent – Es ist der grosse Geist. Wer sonst hat den ganzen Mikro- und Makrokosmos kreiert, designt und programmiert? Das kann nur eine Mega-Superintelligenz wie der grosse Geist gewesen sein! Der Zufall alleine ist dazu nicht fähig!«

»Was muss ich mir unter dem "grossen Geist" vorstellen, Swami?«

»Der grosse Geist ist das gesamte Bewusstsein aller Seelen dieser Welt, einschliesslich des gesamten Bewusstseins aller Seelen der anderen Welten des gesamten Universums. Das vereinigte Bewusstsein aller Seelen des gesamten Universums, das ist der grosse Geist!

Im Geäst des Baumes entdeckte ich, als meine Augen zufällig nach oben schweiften, einen Dreizack.

»Wow, Swami, wozu brauchst du diesen Dreizack?«, staunte ich.

Der Swami holte den Dreizack hervor und zeigte ihn mir. Die Gabel war aus massivem Eisen geschmiedet und auf einem zwei Meter langen Schaft aus poliertem Holz aufgesetzt. Das Schaftende bildete eine Eisenspitze, sodass man den Dreizack in den Boden stecken konnte.

»Das ist Shivas Dreizack«, sagte der Swami, »den habe ich vor zwanzig Jahren von meinem Lehrer in Almora geschenkt bekommen, handgeschmiedet.«

»Und wozu brauchst du dieses Ding?« wollte ich wissen.

»Zur Verteidigung, gegen schwarze Dämonen und Schwarzmagier, zudem, wenn Lisa hier ist – man weiss ja nie...wenn die Fischer zu viel Arrak getrunken haben... Ich bin ja auch nicht mehr der Jüngste!«

»Was ist der Unterschied zwischen weisser und schwarzer Magie, Swami?«

»Weisse Magie ist die Kraft der Liebe, schwarze Magie ist die Kraft des Hasses. Liebe und Hass liegen nahe beieinander, ähnlich wie Lachen und Weinen. Liebe und Hass sind gewaltige Energien, die im Herzen ihren Sitz haben. Liebe öffnet das Herz, Hass verhärtet es. Man sagt ja nicht umsonst – herzlos oder ein Herz aus Stein. Achte einmal darauf, wenn du hasst, wo du diese Energie fühlst. Ich wette, du kannst richtiggehend spüren, wie sich das Herz zusammenzieht. Bei Liebe ist das Gegenteil der Fall, das Herz öffnet sich.

Gandhi, zum Beispiel war ein Weissmagier, Hitler ein Schwarzmagier. Beide starben einen gewaltsamen Tod. Gandhi wurde mitten in der Öffentlichkeit von einem fanatischen hassenden Hindu-

Glaubensfanatiker erschossen. Hitler verkroch sich feige in seinem Bunker, zuletzt richtete er sich selber.

Gandhis Tod war der eines Helden. Die ganze Welt hat getrauert und diesem Mann Respekt gezollt. Hitlers Tod war der eines feigen Hundes. Die ganze Welt war erlöst und erleichtert als er starb – Hass zerstört und richtet sich letzten Endes immer selber. Hitlers Hass hat das Leben von Millionen Menschen gegensätzlicher Ideologien und Religionen zerstört. Gandhis Liebe hat Millionen von Menschen gegensätzlicher Ideologien und Religionen vereint!«

Am Abend – Ich hatte mich gerade so schön in meine Decke gekuschelt und war noch ein wenig am Sinnieren, während der Swami noch einen Brief an Lisa schrieb – kam mir spontan der Baum der Erkenntnis in den Sinn.

»Weisst du was, Swami, unser Baum ist kein gewöhnlicher Baum, das ist der Baum der Erkenntnis.«

»Wie in der Bibel, Eno, wird auch unser Baum von einer Schlange bewacht!«

»Wie meinst du das denn, Swami?«

»Na ja, wie ich es sage«, antwortete er und deutete auf einen Reisighaufen, der im Unterholz am Rande des Raumes lag, dort wo die Aeste den Boden berührten.

»Sie schläft jede Nacht unter diesem Reisighaufen. Tagsüber jagt sie auf dem Reisfeld nach Mäusen, Ratten und Fröschen.«

»Oh Mann, Swami, du bist vielleicht ein komischer Kauz, soll das ein Witz sein? Willst du mir Angst einjagen, mich auf die Probe stellen? Wieso sagst du mir das gerade jetzt, wo ich mich grad so schön eingekuschelt habe und abdriften möchte – wieso hast du mir das nicht schon gestern gesagt?«

»Ich habe einfach nicht daran gedacht, es ist mir gerade eben in den Sinn gekommen.«

»Du bist vielleicht verrückt, Swami – eben in den Sinn gekommen. Und was soll das für eine Schlange sein? – Sicher die giftigste, die es gibt - eine grüne Mamba oder so?«

»Nein, es ist eine Königskobra!«

»Eine Königskobra...?? Swami, du bist wirklich verrückt! Wenn ich daran denke...letzte Nacht schlief ich fünf Schritte entfernt von einer Königskobra! Ich glaub's ja nicht! Und wie lang ist dieses Vieh?«

»Beruhige dich, Eno... sie ist etwa zweieinhalb Meter, sie ist an sich völlig harmlos. Wenn man den Reisighaufen in Ruhe lässt, droht absolut keine Gefahr. Ich bin der noch lebende Beweis.«

»Noch lebend ist gut, Swami, ich kriege kein Auge zu, wenn ich weiss, dass dort in dem Haufen eine Kobra haust. Ich habe eine Schlangenphobie, den totalen Horror vor diesen Viechern, verstehst du? Ich denke, ich gehe runter an den Strand zum Pennen...übrigens, über deinem Kopf hängt eine Tarantel!«

»Hahaha, in Indien gibt es gar keine Taranteln«, gab der Swami zurück.

Ich rollte meine Bastmatte und die Decke zusammen.

»Gute Nacht, Swami, schlaf gut – Vielleicht sucht die Kobra ein bisschen Nestwärme und kriecht zu dir unter die Decke.«

Ich begab mich an den Strand und suchte mir eine kleine Sandmulde zum Schlafen aus.

»Dieser, Swami, echt – das kann ja heiter werden«, dachte ich, »als Haustier eine wilde Kobra!«

Ich schlief ziemlich schlecht am Strand, es war windig, feucht und kalt. Am Morgen war ich dementsprechend klamm und gerädert. Noch vor dem Sonnenaufgang begab ich mich zurück unter den Baum. Der Swami sass bereits meditierend auf seiner Matte.

»Psst...«, machte er leise, den Finger vor den Mund haltend, »ich schätze, in ein paar Minuten kriecht sie aus dem Reisig raus.«

Ich setzte mich neben den Swami. Wir warteten still. Auf einmal...nach einigen Minuten – ich hielt den Atem an – erblickte ich eine riesige Königskobra, um die zweieinhalb Meter lang, sich langsam aus dem Reisighaufen schlängeln und Richtung Reisfeld verschwinden.

Wie in Trance verfolgte ich die Szene. Zeitlupenartig glitten die Bilder an mir vorbei. Als der Bann vorüber war, die Spannung sich löste, erschauerte ich leicht, war abgestossen und fasziniert zugleich.

»Das ist die Magie der Königskobra«, sagte der Swami, »Ihr Gift hat eine ähnlich halluzinogene Wirkung wie LSD oder Meskalin, mit dem Unterschied, dass man den Trip nicht überlebt.«

»Darauf kann ich echt verzichten, Swami!«

»Du kannst beruhigt sein, Eno, sie ist jetzt den ganzen Tag fort, sie kommt erst spät am Abend wieder nach Hause. Die Frauen, die auf dem Reisfeld arbeiten, sind da viel gefährdeter. Die Kobra ist am Jagen, liegt dort gut getarnt auf der Lauer. Wenn sie überrascht wird, kann sie schon mal zuschnappen. In Indien sterben jährlich ein paar hundert Menschen an Kobrabissen – meistens Feldarbeiter.

In unserem Fall ist das anders, wir wissen genau wo sie sich aufhält. Wenn wir den Reisighaufen in Ruhe lassen, lässt auch sie uns in Ruhe. Ich respektiere ihren Raum, sie den meinen. Bis jetzt lag sie nur einmal auf der uns zugekehrten Seite, das war am dritten Tag, nachdem ich hier eingezogen bin. Plötzlich – ich ass gerade eine Banane – lag sie da! Ich machte keinen Mucks, getraute mich einige Minuten nicht mehr zu kauen...die Banane in meiner Hand wurde langsam braun. Über eine Stunde lang haben wir uns gegenseitig beobachtet, keiner machte eine Bewegung.

Die Kobra war auf der Flucht – Ein Bauer hat auf der kleinen Böschung dort drüben, das dürre Gras und die Dornenbüsche abgefackelt. Die Kobra hat dort gewohnt und musste wegen des Feuers fliehen.

Auch ich befand mich auf der Flucht. Und bin dann unter diesem Baum gelandet.«

»Vor was und wem bist du denn geflohen, Swami, du hast ja nicht mal Angst vor Kobras?«.

»Das war so« begann er, »ich wohnte, bevor ich unter diesen Baum kam, bei einem hier ansässigen Australier. Der Australier bewohnte ein schönes Haus, das von einem grossen Garten umgeben war, in welchem allerlei Pflanzen und Blumen wuchsen. Es gab einen kleinen Teich mit Goldfischen, zwei Papageien flatterten herum – kurzum, es war wie im Paradies...bis ich nach ein paar Monaten herausfand, dass dieser Australier ein kranker Pädophiler ist, der nur aus einem einzigen Grund in Indien lebt – um ungestraft und billig seine kaputte Sexualität zu befriedigen! – Im Westen werden diese Kreaturen immer hartnäckiger verfolgt. In Thailand und Sri Lanka hat die Regierung die Gesetzte verschärft Leider kommt dieser Abschaum immer mehr nach Indien - es ist wie schleichendes Gift!

Eines Morgens dann, nachdem ich herausgefunden hatte was da läuft, habe ich diesen Bastard gestellt, als er gerade an einem Zehnjährigen herummachte, der verstört auf einem Stuhl sass. Ich habe diesen Typen mit meinem Dreizack in die Zimmerecke gedrängt und ihm diesen an den Hals gedrückt, so dass die mittlere Spitze genau unterhalb der Gurgel auf dem Schlüsselbein auflag. Dabei habe ich dem Kerl in die Augen geschaut und ihm meine knallharte Meinung gesagt, immer mit dem Druck der Spitze – dieser Feigling hat um sein erbärmliches Leben gezittert und gebettelt – am liebsten hätte ich diesen Hund an die Wand gespiesst.

Danach riss ich die Schubladen seines Nachttischchens auf und fand wie erwartet diese traurigen Kinderpornofotos und Videofilme. Ich hob das Tischchen auf und schmiss das ganze Ding direkt durchs Glas, in hohem Bogen zum Fenster hinaus. Es splitterte und krachte. Das Möbel zerbarst ein paar Meter vor dem Haus am Boden. Ich holte den Kerosinkanister aus der Küche, leerte den Inhalt darüber aus, steckte ein Streichholz an und...puff – es gab einen Knall! Das Tischchen samt dem widerlichen Dreck brannte lichterloh – mein Dreadlockbart war ein bisschen angesengt, aber das war mir scheissegal. Ich begab mich zur Gartenlaube, packte mein Bündel zusammen, nach fünf Minuten war ich weg! Wütend und aufgebracht lief ich den Strand entlang. Ich machte mir schwere Vorwürfe, dass ich so lange nichts gemerkt hatte, dass ich so naiv und blauäugig gewesen war ... irgendwann bin ich landeinwärts abgebogen, ich wollte wieder zur Strasse hoch – Da stand er auf einmal vor mir. So einen grossen und schönen Cashewnussbaum hatte ich noch nie gesehen!

Dann betrat ich zum ersten Mal die Kuppel unter diesem Baum. Ich war sofort begeistert, die Schönheit, Ruhe und Ausstrahlung dieses Raumes zog mich in den Bann, mir war klar, hier bleibe ich erst mal.«

»Hey, Swami, ich gehe Schwimmen, kommst du auch mit?«

»Ich habe gerade dasselbe gedacht, komm, lass uns gehen.«

Wir begaben uns runter zum Strand, tauchten ins Meer. Ich zeigte dem alten Swami, wie man bodysurft. Wir hatten eine Riesengaudi, grölten und johlten ausgelassen wie die Kinder. Der Swami sah mit seinen nassen Dreadlocks einfach lustig aus. Das Bodysurfen war neu für ihn, nach einer Weile beherrschte er es ganz gut, wollte gar nicht mehr aufhören. Sein kleiner, leichter Körper bretterte dabei übers Wasser wie ein Schieferstein. Einmal, als wir gerade zum Sprung ansetzten, kam plötzlich, ich weiss nicht woher, eine riesige Welle auf uns zu. Ich wollte gerade noch rufen: »Swami, spring nicht – zu gross!« Doch der der Swami war schon weggespült. Eine bange Weile sah ich nichts mehr von ihm, bis endlich sein Kopf aus der weissen Gischt auftauchte. »Wow, was für ein Brecher!«, schrie er. »Das hat meine alten Knochen fast aus den Gelenkpfannen gehauen. Ich glaube mir reicht's, für heute habe ich genug.«

Nach der Dusche im Reisfeld, wieder unter dem Baum, teilten wir uns eine Papaya und tranken dazu Kokosmilch.

»Glaubst du eigentlich an einen Weltuntergang oder eine Apokalypse?«, fragte ich ihn.

»Wie gesagt, das Glauben kannst du den Tölpeln überlassen. Ich bin ja keiner dieser Weltuntergangspropheten! Die Welt als solche besteht schon lange und wird noch lange bestehen. Die Menschen aber, werden für ihr Ignorieren der Welt- und Naturgesetze einen hohen Preis bezahlen müssen...Kriege, Seuchen, Hunger, Naturkatastrophen, Vergiftung und Verstrahlung werden grosse Teile der Menschheit dahinraffen. Es kommen leidvolle, dunkle, verworrene Zeiten auf uns zu, schlimmer als im Mittelalter.«

»Das sind ja düstere Aussichten, Swami...und dagegen kann man gar nichts tun?«

»Leider kaum, die Menschheit ist noch jung, sie entspricht einem Kind, welches erst durch Schaden klug wird. Die Menschheit hat einfach kein Gefühl, keine Empathie für die Dimensionen dieses Planeten. In ihrer Begrenztheit meinen die Menschen die Erde ist unendlich. Dabei ist unsere Welt sehr klein- Der Erdumfang beträgt vierzigtausend Kilometer, dass ist vierzig Mal von London nach Berlin oder für unsere Amerikanischen Freunde vierzig Mal von New York nach Chicago. Das ist nicht gerade viel! Die Atembare Luftschicht, die wir so versauen, ist knapp vier Kilometer dick. Alles zusammen sind sehr kleine Dimensionen.

Wenn es den grossen Geist wirklich gibt, Swami, diesen Schöpfer, wieso beendet er nicht Krieg und Terror?«

»Ich kann dir sagen warum, Eno, wenn der grosse Geist heute den Krieg beenden würde, würden wir denselben morgen fortsetzen oder wieder einen neuen beginnen! Der grosse Geist will, dass wir uns Bewusst werden. Dass wir selber den Krieg beenden – dass wir gar nicht erst damit anfangen.«

»Kennst du diesen Witz, Swami: Zwei Planeten begegnen sich Weltall:

»Hallo, schön dich zu sehen, wie geht es dir?«

»Hallo Alter, es geht mir leider gar nicht gut, ich bin schwer krank, ich habe Homosapiens!

»Oh, das tut mir aber leid, das hatte ich auch einmal, mach dir keine Sorgen, auch das geht einmal vorbei.

Am Abend, vor dem Zubettgehen, war ich wegen der Kobra ziemlich paranoid, rollte meine Bastmatte möglichst weit vom Reisighaufen aus. Der Swami auf jeden Fall war näher dran als ich, dass beruhigte mich ein wenig...

»Gute Nacht, Swami, du alter Schlangenbeschwörer! Ich riskier es mal – wenn ich morgen tot bin, vererbe ich dir meine Habseligkeiten.«

»Geht in Ordnung, Eno, du alter Angsthase! Hast du gewusst – Kobras stehen auf Hasen, Angsthasen mögen sie besonders gerne.«

»Hey, Swami, guten Morgen...ich lebe noch! Heute ist Sonntag, ich hole uns bei Amukaram ein gutes Frühstück, bist du auch dabei?«

»Gute Idee, Eno, ich praktiziere derweil ein paar Yogaübungen.«

Ich begab mich zum Weiler, wo ich bei Amukaram frischen Kaffee auffüllen liess, dazu Puris, Idlis und eine Papaya einkaufte.

Als ich zum Baum zurückkam, befand sich der Swami gerade im Handstand.

»Eno, schau mal – ich stemme die ganze Welt!« rief er.

Ich musste lachen, von einer solchen Interpretation des Handstandes hatte ich noch nie gehört.

Nach dem Frühstück kramte der Swami ein rotes Ton-Shilom aus seinem Beutel, welches er mit Ganja stopfte. »Immer am Sonntag rauche ich zu Shivas ehren ein Ganja-Shilom...Bum Shiva!

Abwechslungsweise inhalierten wir den Rauch, bliesen ihn in alle vier Himmelsrichtungen und bedankten uns bei den vier Elementen: Erde, Wasser, Luft und Feuer.

»Hey, Swami, alter Indianer, in meiner Jugendzeit habe ich viel Karl May gelesen – Kinikinik haben die dort immer gepafft.«

»Ja, ja...die alten Indianer, das waren noch Zeiten«, sinnierte der Swami, »was wäre wohl aus denen geworden, wenn die Weissen Amerika nie entdeckt oder besiedelt hätten? Vielleicht hätten sie inzwischen das Rad erfunden und würden immer noch Kinikinik rauchen. Ich mag Karl May, der hatte eine hohe Ethik, und Achtung vor jeder Kultur.«

»Swami, ich habe Lust auf einen Sonntagsbraten und einer Flasche Beaujolais«, witzelte ich, »nach dreissig Jahren in Indien, wäre das bestimmt eine Gaumenfreude, meinst du nicht?

»Weisst du, was ich mit diesem Sonntags-Antibiotika-Hormon-Braten machen würde, den würde ich dort hinten in den Sand schmeissen – natürlich ernähre ich mich als Swami vegetarisch, einmal in der Woche esse ich ein Fischgericht. Eine Flasche Beaujolais hingegen würde ich nicht verachten. Seit zwanzig Jahren habe ich keinen Schluck Alkohol mehr getrunken. Mit dir zusammen einen guten, alten Wein trinken, da würde ich schon mal eine Ausnahme machen.«

An einem Morgen, nach Meditation, Yoga und Frühstück setzte ich mich vor unseren Baum zur Meerseite hin in den Schatten und schmökerte in der "Times of India", die ich mir am Kiosk im Weiler gekauft hatte. Knackende Geräusche, leise Schritte veranlassten mich den Kopf zu heben und aufzuschauen.

Wenige Meter vor mir stand eine junge, indische Frau von etwa zwanzig Jahren. Sie trug einen fluoreszierenden, knallig roten Sari von einer Leuchtkraft, wie es nur indische Stoffe und Farben im indischen Sonnenlicht vermögen. Ich war richtiggehend geblendet, und hielt die Hand wie zum Sonnenschutz etwas vor die Augen. Ihre Lippen leuchteten zum Kleid passend im selben Megaknallrot, dazu ein Kontrast von kastanienbrauner, zarter Haut, umrahmt von schwarzem, glänzendem, langem Haar, nach indischer Art nach hinten gekämmt. Eine Sequenz lang trafen sich unsere Blicke...sie nickte scheu zum Gruss und lächelte kurz. So weisse Zähne, so braune Rehaugen, der kleine Saphir am Nasenflügel, diese wahnsinnige Figur – mir blieb die Sprache weg! – Diese junge Frau wäre die Krönung jeder Misswahl.

Die Schöne trug einen Weidekorb und war am Reisig sammeln. Sie tat ihre Runde um unseren Baum, wobei sie den Reisighaufen der Kobra nicht anrührte.

»Hey, Swami, hast du soeben die Frau im roten Kleid gesehen, die da Reisig gesammelt hat?«

»Die würde dir gefallen, was?«, stellte er fest. »Das ist die älteste Tochter des Bauern, der das Reisfeld bestellt.«

»So eine schöne Tochter hat der«, staunte ich, wie der das wohl gemacht hat?« Der Bauer selber glich eher einem kleinen, buckligen Gnomen.

»Unser Bauer hat nicht nur die eine Tochter, sondern deren drei, alle bildhübsch, im heiratsfähigen Alter. Söhne hat er keine. Mit drei Töchtern ist dieser arme Bauer für den Rest des Lebens bestraft! Sein Joch möchte ich nicht tragen, deswegen hat er auch so einen Buckel.«

»Kann ich nicht verstehen, Swami, mit solch schönen Töchtern ist man doch nicht gestraft.«

»Das Problem ist«, erzählte der Swami weiter, »der Bauer muss für jeder Tochter mindestens 50.000 Rupien Mitgift bezahlen, wenn er sie einigermassen gut verheiraten will. Bei drei Töchtern sind das 150.000 Rupien, eine Summe, die unser kleiner Bauer fast nicht aufzubringen vermag. Der Bauernfamilie reicht es gerade knapp zum Überleben. Das kleine Reisfeld, die zwei Kühe und die vier Ziegen geben nicht viel her, wie soll der Alte da noch 150.000 Rupien zusammenkratzen – fast unmöglich!

Und aus diesem Grund, Eno, werden viele Mädchensäuglinge dieser armen Fischer- und Bauernfamilien nach der Geburt umgebracht! Sie werden mit einem Kissen erstickt oder mit Opium eingeschläfert...in jenem kleinen Wäldchen dort, sind diese kleinen Mädchenseelen begraben.«

»Au, wow...Swami, das ist ja grauenhaft! Ist das wirklich wahr, was du mir da erzählst?«

»Leider, leider, ist das die Wahrheit! Die ganz armen Familien haben oft keine andere Wahl. Ihr Argument ist, lieber nur vier Köpfe, die einigermassen satt sind, als deren sechs die immer halb hungrig sind, dazu noch Mitgift kosten. Die indische Mittelschicht löst das Problem anders – in den letzten Jahren sind Ultraschalltests gross in Mode gekommen. Da wird schon im Mutterleib eruiert, ob Junge oder Mädchen – Das Mädchen wird abgetrieben! - In dieser Beziehung ist Indien gnadenlos!«

Es gibt Gegenden und Dörfer, vor allem im Norden, da gibt es fast keine Frauen mehr - mann schätzt, in Indien fehlen 100 Millionen Frauen

»Dann müsste man dieses bescheuerte Mitgiftsystem abschaffen.« entrüstete ich mich.

»Das Paradoxe ist, der Staat hat die Mitgift per Gesetz verboten, doch das Volk hält an diesem jahrhundertealten Brauchtum fest.

Es gibt hier auch viele Heiratsschwindler, die kassieren von der Brautfamilie die Mitgift und dann machen sie sich aus dem Staub.

Die Inder häufen sich ein verdammt schlechtes Karma an. Sie werden eines Tages dafür bezahlen müssen!«

»Was ist Karma genau, Swami?«

Es ist das Gesetz von Aktion und Reaktion – auf jede Aktion folgt eine Reaktion. Auf positive Aktionen folgen positive Reaktionen. Auf negative Aktionen folgen negative Reaktionen. Das ist das Gesetz des Karma!

Den Rest des Tages kreisten meine Gedanken um dieses schöne Bauernmädchen, dessen Eltern eine Mitgift bezahlen müssen, um für sie einen Mann zu finden. Ich dachte auch an die vielen kleinen Mädchensäuglinge, die dort im Wäldchen begraben lagen, die ermordet wurden, weil sie Mädchen waren – ein Kostenfaktor von 50.000 Rupien, das entsprach etwa 1000 US Dollar - Unter unserem Baum hatte ich mein Reisegeld von 2000 Dollar vergraben...Was wiederum waren 2000 Dollar im Westen wert? – Die Unterschiede auf diesem Planeten sind wirklich gravierend!!

Zum Abendessen begaben wir uns in den Delight Foodstall, wo uns Amukaram eine riesige Masala Dosa zubereitete. Amukaram war wirklich ein Starkoch, so gute Masala Dosas gab es nicht mal im Luxusrestaurant in der Stadt. Es war eine Freude, ihm beim Kochen zuzusehen. Bestimmt hatte er schon tausende dieser Masala Dosas in seinem Leben zubereitet, jeder Handgriff sass, das Timing war perfekt.

Zum Dessert offerierte er uns eine Art Griessköpfchen das mit einer braunen Sauce übergossen war. Sein kleiner pausbäckiger Sohn setzte sich auf Swamis Schoss, dabei durfte er ab und zu vom Griessköpfchen naschen. Zuletzt leckte er den Teller mit dem Saucenrest aus, er japste dabei vor Freude und seine Augen strahlten. Der Swami mit dem Kleinen auf dem Schoss war wirklich ein schönes Bild. Als er ihn dann noch an seinem langen, weissen Bart zog, musste der ganze Foodstall lachen. – Wie sehr sich doch alle Kinder dieser Welt ähnlich sind, erst später werden sie zu Christen, Moslems, Juden oder Hindus gemacht.

»Eno, kannst du Schach spielen?« fragte mich der Swami, als wir wieder zurück unter dem Baum waren.

»Einigermassen, ich habe schon lange nicht mehr gespielt - wo jedoch bekommen wir hier mitten in der Pampa ein Schachspiel her?«

»Das ist kein Problem«, entgegnete der Swami, während er aus dem Sandboden einen Plastiksack buddelte, aus dem er ein mittelgrosses Schachspiel aus geschnitztem, poliertem Holz entnahm.

Wir losten unsere Spielfiguren aus, der Swami bekam die weissen, ich erwischte die schwarzen. Zusätzlich zur Petroleumlampe stellte der Swami noch je eine Kerze links und rechts neben das Schachbrett. Ich goss frischen Kaffee aus der wieder aufgefüllten Thermoskanne in die Becher.

An diesem Abend spielten wir vier Partien, die der Swami allesamt hoch überlegen gewann. Für den Swami war das Schachspiel das Spiel aller Spiele. Er war ein Meister dieses Spiels, dem "Yoga für den Geist", wie er es nannte – der Unendlichkeit auf 64 Feldern.

»Das ganze Leben ist ein Spiel, ein ernsthaftes Spiel, eine Art Computerspiel«, erklärte er. »wir sind die Spieler, die Spielfiguren. Manchmal ist das Spiel spannend, gelegentlich auch langweilig, zuweilen ist es lustig, ab und zu dramatisch, wie eben Spiele so sind.

Der gegenwärtige Spielzug, die gegenwärtige Entscheidung beeinflusst das ganze zukünftige Spiel, das gesamte zukünftige Leben – ja noch viel mehr, die gegenwärtige Entscheidung kann sogar das ganze Spiel auf den Kopf stellen. Im Extremfall kann eine Unachtsamkeit, eine falsche Reaktion das Spiel oder das Leben beenden! Im Schachspiel, wie auch im Spiel des Lebens hängt alle Zukunft von der gegenwärtigen Entscheidung ab. Soll ich mit dem Rösslein den Läufer schnappen, vielleicht mit dem Bauer die Dame decken? Soll ich mir einen neuen Job suchen oder meine Stellung in meinem jetzigen Unternehmen ausbauen? Soll ich in München bleiben, eventuell nach Mannheim ziehen, mit oder ohne Dame? Das Spiel des Lebens zwingt uns stetig zu neuen Entscheidungen, die wohl durchdacht und überlegt sein wollen – denn auf jede Aktion folgt eine Reaktion!

Das Leben ist nicht einfach ein Glücksspiel, es ist auch nicht so simpel wie Poker oder Schwarzer Peter. Es geht auch nicht nur um die Kohle, wie im Monopoly, es geht um einiges mehr – nämlich um die zukünftige Figur in einem neuen zukünftigen Spiel!

Am Ende des Spiels wird ein Schiedsrichter das ganze Spiel analysieren und beurteilen. Und es geht nicht darum, ob man das Spiel gewonnen oder verloren hat, sondern als was und wie man gespielt hat, ob man sich an die Spielregeln gehalten hat und wieviel man vom gesamten Spiel begriffen hat, verstehst du, Eno?«

»Einigermassen...ich denke, ich weiss was du meinst, Swami. Wenn ich dich so anschaue, kommst du mir vor wie der weisse Bauer links aussen auf dem Spielfeld. Du hast ein, zwei Spielzüge getan und nachher nicht mehr ins Spiel eingegriffen. Stattdessen hast du das Spiel an dir vorüberziehen lassen, hast dich gefragt, wieso es das Spiel überhaupt gibt, wer es erfunden hat und was der Sinn des Spiels ist.«

»Gar nicht so schlecht analysiert, Eno! Ich sehe, du hast einen Sinn für die Essenz der Dinge. Übrigens, hast du gewusst, das Schachspiel wurde vor 3000 Jahren in Indien auf dem Hofe eines Maharaja von einem Spielemacher erfunden. Dieser Spielemacher war ein begnadetes Genie, ein Künstler, der schon Dutzende von Brettspielen geschaffen hatte, ja sogar den Zahlenwürfel. Das Schachspiel war sein Lebenswerk! Die erste Schachpartie auf dieser Welt wurde vom Maharaja und dem Spielemacher ausgetragen. Natürlich liess der Spielemacher den Maharaja gewinnen... Der Maharaja war begeistert von diesem neu erfundenen Spiel. Es war so ganz anders als alle anderen, die er bis anhin gekannt hatte. Am Abend, als er alleine war, stellte er noch einmal die Holzfiguren auf das karierte Marmorbrett und schaute das Spiel lange an...Nach einer Weile sah er in diesem Spiel, das Spiel aller Spiele, das Leben selbst. Er sah die Unendlichkeit, die Zeitlosigkeit, die Ewigkeit. Es wurde ihm bewusst: solange man dieses Spiel spielen würde - und seien es tausende von Jahren - kein Spiel würde dem anderen gleichen! Der Maharaja nannte dieses Spiel das "Königsspiel". Ich habe mich schon oft gefragt, wer der Erfinder des Schachspiels, des Rades oder des Pfeilbogens ist. Stell dir vor, wir könnten jetzt mit einer Zeitmaschine zurückschauen - gerade als diese verrückten Genies ihre Erfindung gemacht haben - das wäre sicher ein bewegender Moment!

Zu jedem Spiel gibt es Spielregeln, die man einhalten und beachten sollte, sei es nun in der Musik, beim Kochen oder im Spiel des Lebens - Alles ist Spiel. Die kleinste Bewegung mit meinem Arm ist ein Zusammenspiel mehrerer Muskeln. Stell dir vor, wenn beim Autofahren das Zusammenspiel von Kupplung, Gas und Bremse nicht funktioniert...

Auch der Mensch hat für das Spiel auf dieser Erde klar definierte Spielregeln erhalten. Leider hält er keine einzige dieser Spielregeln ein, deswegen haben wir ein solches Desaster auf diesem Planeten!

Die zehn Gebote von Moses waren ursprünglich vierundzwanzig Spielregeln. Leider haben spätere Religionsführer diese universellen Spielregeln reduziert, manipuliert und zensiert. Sie machten Gebote und Verbote daraus. In der Bibel steht der manipulierte, klägliche Rest, welcher uns für das Zusammenleben auf diesem Planeten nicht viel nützt. Versuche einmal ein Spiel mit den halben und abgeänderten Spielregeln zu spielen - das Spiel wird kopflos, verliert seinen Sinn.«

»Kennst du diese 24 Spielregeln?«, fragte ich den Swami.

»Ja, sicher kenne ich die oder meinst du, ich erzähle dir Dinge, von denen ich selber keine Ahnung habe? Wir alle kennen diese Spielregeln, sie sind in unserem kollektiven Bewusstsein gespeichert! Tief in unserem Inneren wissen wir alle, was gut und schlecht ist!«

Der Swami kramte in seinem Beutel und holte ein circa dreissig Zentimeter langes, verziertes Stück Bambusrohr heraus, das an beiden Enden mit Holzstöpseln verschlossen war. Daraus entnahm er eine vergilbte Reispapierrolle, die er mir reichte. Vorsichtig entrollte ich das Papier und las die schwarze, schnörkelige Schrift:

Die 24 Spielregeln für die Menschen auf Terra:

1. *Du solltest nicht hassen.*
2. *Du solltest nicht neiden.*
3. *Du solltest nicht habgierig sein.*
4. *Du solltest nicht töten und morden.*
5. *Du solltest nicht quälen und foltern.*
6. *Du solltest nicht nötigen und vergewaltigen.*
7. *Du solltest nicht Inzest und Unzucht tun.*
8. *Du solltest nicht deine Macht missbrauchen.*
9. *Du solltest nicht rauben und stehlen.*
10. *Du solltest nicht lügen*
11. *Du solltest nicht Verrat üben.*

12. Du solltest nicht denunzieren.

13. Du solltest nicht intrigieren.

14. Du solltest nicht feige sein.

15. Du solltest nicht egoistisch sein.

16. Du solltest nicht ungerecht sein.

17. Du solltest nicht verachten.

18. Du solltest nicht hochmütig sein.

19. Du solltest nicht geizig sein.

20. Du solltest keiner Sucht verfallen.

21. Du solltest Respekt und Achtung vor dem Tier-, Pflanzen- und Mineralreich haben.

22. Du solltest Sorge und Verantwortung zu Erde, Wasser, Luft und Feuer tragen.

23. Du solltest nach Weisheit, Wahrheit, Erkenntnis, und Liebe streben.

24. Du solltest den grossen Geist und seine Schöpfung ehren.

Im Namen des grossen Geistes
Swami Sathyanandapuri

»Wow, Swami!«, staunte ich. »Hast du das selbst komponiert und geschrieben?«

»Nicht ganz, der grosse Geist hat mir dabei geholfen und mir diktiert. Das war so: Ich lebte vor zwanzig Jahren in Almora. im Himalaya oben. Einmal habe ich dort in einer völlig abgelegenen, einsamen Gegend vierzig Tage lang gefastet und geschwiegen, keinen Bissen gegessen, kein Wort gesprochen, keinen Menschen gesehen. Dort oben ist es totenstill. Nicht ein Zivilisationsgeräusch dringt dort hinauf.

In jener Zeit bin ich dem grossen Geist sehr nahe gekommen. habe ihn und seine Schöpfung erkannt, habe den Sinn des Lebens und den Sinn des Todes begriffen. Zuletzt spürte ich fast keinen Körper mehr. fühlte mich federleicht, bestand fast nur noch aus Geist. Die letzten drei Tage meiner Fastenzeit empfing ich Visionen von einer unglaublichen Klarheit und Intensität, wie ich es bisher nicht für möglich gehalten hatte! Dort habe ich erkannt, dass richtige Visionen viel mehr sind als Ideen, Träume, Eingebungen oder Halluzinationen. Richtige Visionen sind absolut real. Sie sind so klar wie 3-D-Kino, nur mit dem Unterschied, dass man sich selber mitten im Film befindet – im kosmischen Cyberspace! Den Film allerdings, den darf man sich nicht selber aussuchen, er wird einem vom grossen Geist eingespielt.

Am vierzigsten Tag bekam ich cyberspacemässige Rückführungsvisionen in vergangene Leben, auch sah ich meinen zukünftigen Tod voraus! Das alles, war das härteste, was ich je in meinem Leben erlebt, durchgemacht und erfahren hatte – und das nach vierzig Tagen Fasten und Schweigen! Ich war danach so fertig, ausgelaugt und ausgebrannt wie ein Stück morsches Holz in der Wüste.

Und wie ich da so sass, stand plötzlich – ich weiss nicht woher der kam – ein Sherpajunge von etwa vierzehn Jahren vor mir. Er war beladen mit drei dicken Bündeln Reispapier, zwei Flaschen voll schwarzer Tusche, einer ganzen Schachtel Stahlfederhalter und mehreren Päckchen mit Ersatzfedern. Ich nahm an, der Junge hatte die Schreibsachen in der Stadt gekauft und war auf dem Weg in eines dieser tibetanischen Klöster – Der erste Mensch nach vierzig Tagen Einsamkeit! Lange schaute er mich an, ohne etwas zu sagen. Auch ich sagte nichts. Nach einer Weile reichte er mir wortlos einen Bogen Reispapier, entnahm der Schachtel einen Holzgriffel, steckte eine Feder drauf und goss etwas Tusche in einen gebrauchten Wegwerfbecher, den er mit sich führte und legte alles vor mir hin. Ich sass da wie versteinert. Ich wusste, dies ist kein Zufall, das ist ein Zeichen vom grossen Geist! Dem Sherpajungen gab ich zwanzig Rupien. Der war damit überglücklich, legte die Handflächen zum Abschied aneinander. Darauf setzte er seinen Weg fort.

Ich nahm die Feder in die Hand und sagte laut: ›Grosser Geist, ich bedanke mich von ganzem Herzen für mein reiches, erfülltes Leben. Mein Lebensweg war nicht immer leicht, oft war er steinig, oft war er finster, zuletzt war er sehr steil, er führte mich in den Himalaja – zu Dir! Der weite Weg hat sich gelohnt, ich habe mehr bekommen, als ich je erwarten durfte, mehr als ich je erträumt habe. Grosser Geist, du sandtest mir einen Sherpajungen, der mir Papier und Feder gab – Ich höre, schreibe deine Worte nieder, auf dass sie nie mehr verloren gehen!‹ Nach einer Weile, wie von Geisterhand, fing meine Hand zu schreiben an...Als das "Diktat" zu Ende war, legte ich die Feder weg und las das Geschriebene. Dann sagte ich: ›Grosser Geist, ich danke dir, dass du meinen Verstand geleitet, meine Hand geführt hast. Ich werde diese Spielregeln einhalten und befolgen, dafür sorgen, dass sie unter den Menschen wieder Bewusst werden!‹

Ich rollte das beschriebene Papier zusammen, erhob mich und wanderte etwa zwei Stunden bis zum nächsten kleinen Dorf, wo ich nach vierzig Tagen Fasten bei einem Foodstall ein Joghurt, etwas Reis und eine Banane ass.«

»Wow...Vierzig Tage lang hast du in der Einsamkeit geschwiegen und gefastet«, staunte ich, »das ist ja Wahnsinn, Swami, wie hast du das nur ausgehalten und überlebt?«

»Alles hat seinen Preis«, antwortete der Swami, »ich habe dafür ja auch eine ganze Menge erhalten. Auch Jesus, Mohammed und Buddha haben lange gefastet – wieso nicht auch Swami Sathyanandapuri? Diese Leute wurden erst zu dem, was sie waren, nachdem sie solche Erfahrungen gemacht hatten.

Bei den nordamerikanischen Indianern wurden die jungen Burschen für eine gewisse Zeit in die Wildnis geschickt, wo sie in der Einsamkeit fasteten und meditierten bis sie Visionen bekamen. Erst danach durften sie in ihr Dorf zurückkehren, wo sie aufgrund ihrer Vision einen neuen Namen erhielten. Erst dann wurden sie in den Bund der erwachsenen Männer aufgenommen.«

»Und bei uns, Swami, stecken sie die jungen Burschen ins Militär, damit aus ihnen Männer werden – Hast du gewusst, in der Schweiz gab es Anfang der Neunzigerjahre eine Volksabstimmung zur Abschaffung der Armee. Das heisst, das ganze Volk, jeder Mann, jede Frau ab zwanzig Jahren, konnte sich an dieser Abstimmung beteiligen – 35% der Abstimmenden wollten die Armee abschaffen! Natürlich haben die anderen Regierungen darauf geachtet, dass ihr eigenes Volk nichts von dieser Weltsensation mitbekam.«

»Ich habe von dieser Abstimmung gehört, Eno, fand ich grossartig von den Schweizern! Ich mag diese sogenannte direkte Demokratie. Einer meiner

Lieblingssprüche lautet: Stell dir vor, es ist Krieg und keiner geht hin!

Übrigens, weisst du wo und wie ich Hitler und den zweiten Weltkrieg überlebt habe? Im Exil – in Finnland, in den unendlichen Wäldern an einem einsamen See...hundert Kilometer keine Menschenseele. Dort habe ich mir ein kleines Blockhaus gebaut, von Fisch, Kartoffeln, Pilzen, Beeren und etwas Jagd überlebt – fünf einsame Jahre lang, fünf dunkle Winter lang.«

»Wow, Swami, das klingt nach einer absoluten Hardcore-Story...erzähl mal.«

»Das war so«, begann er, »ich bin damals im Herbst 1939, drei Tage nach Hitlers Kriegserklärung an Polen, aus Deutschland abgehauen, zuerst nach Dänemark, dann über Schweden nach Finnland. Im Frühling 1940, als der Krieg sich ausweitete, ich zudem Schwierigkeiten mit den finnischen Behörden hatte, habe ich mir in Tampere ein altes Ruderboot gekauft dazu zwanzig Kilo Saatkartoffeln, fünf Kilo Maiskörner, fünf Kilo Salz, sowie ein Kilo Zwiebelsetzlinge. Ferner erstand ich eine gebrauchte Jagdflinte, Werkzeug, Angelzeug, eine kleine Apotheke, drei Flaschen Wodka und sämtlichen Tabak, den ich bekommen konnte.

In einer dunklen Nacht, damit mich keiner sah, ruderte ich – mit auf dem Boot zwei Hühner und ein Hahn – schwerbeladen los...hinein in das unendliche Labyrinth der tausend Seen. Am vierten Tag entdeckte ich eine gut getarnte, schwer zugängliche, schmale Bucht umgeben von dichtem Wald – genau, was ich suchte! In Ufernähe erstreckte sich eine Lichtung, wo ich mit relativ geringem Aufwand ein kleines Feld anlegen konnte. Das war auch das erste, was ich tat. Ich rodete die Lichtung, stach die Erde um, setzte die Saatkartoffeln, die Zwiebeln und säte den Mais.

Daraufhin begann eine ziemlich harte Zeit. Wochenlang ernährte ich mich nur von Fisch, Rehfleisch, Brennnesseln und Bärlauch. Endlich kam der Sommer, mit ihm Himbeeren, Preiselbeeren und Heidelbeeren. Im Herbst fand ich kiloweise Pilze, von denen ich so viele wie möglich für den Winter trocknete. Auch die Kartoffeln waren prächtig gediehen. Die Zwiebeln sahen gut aus. Einzig der Mais war etwas dürftig geworden. Sogar die Hühner hatten sich an die neue Umgebung gewöhnt, legten hin und wieder ein Ei. Ich weiss noch...kurz vor Weihnachten 1940 erlegte ich einen kapitalen Elch. Am 25. Dezember gab's ein saftiges Elchsteak mit Bratkartoffeln an Steinpilzsauce...im folgenden März allerdings war die letzte Kartoffel und das hinterletzte Maiskorn gegessen, es war nur noch das Saatgut übrig. Von da an ass ich wieder Fisch, Reh, Brennnesseln und Bärlauch. Jede Woche gab's mal ein zwei Eier. Im zweiten Jahr dann war die Ernte grösser, ich kam einigermassen über die Runden.

Im Winter hörte ich aus weiter Ferne Kanonendonner. Ich nahm an, die Deutschen würden Finnland angreifen. Ich konnte ja nicht ahnen, dass es die Russen waren. Ein paar Wochen lang dauerte dieser ferne, grollende Donner an. Danach war es jahrelang still...so still und einsam, dass ich manchmal fast durchgedreht bin. Die Einsamkeit war in diesen Jahren mein grösster Gegner! Oft führte ich Selbstgespräche mit einstigen Bekannten, alten Freunden, Frauen, die einst meine Liebschaften waren... manchmal gelang die Vorstellung, die Einbildung so perfekt, dass sie fast real, fast Wirklichkeit wurde. Oft wollte ich meinem einsamen Wolfsleben ein Ende setzen. Oft habe ich meinen Schmerz in den tiefen, unendlichen Wald geschrien.

Eines Tages, im Herbst 1945, nach fünf Jahren Einsamkeit wurde mein Schreien erhört. Ich vernahm als Antwort Hundegebell. Wenig später tauchten zwei finnische Jäger im Unterholz auf. Nach dem ersten Schrecken und Misstrauen beiderseits – ich sah nach all den Jahren aus wie Robinson Crusoe, klärte sich die Situation. Einer der Jäger sprach etwas deutsch. Von ihm erfuhr ich, dass der Krieg in Europa seit dem Frühling beendet, dass Hitler tot war. Der Finne erklärte mir auch in groben Zügen den Verlauf des Krieges, von dem ich ja keinen blassen Schimmer hatte. Er berichtete mir von Auschwitz, erzählte von Stalingrad, von Hiroshima...mir standen die Haare zu Berge! Ein solch gewaltiges Ausmass an Hass, Grausamkeit, Zerstörung und toten Menschenleben konnte mein Verstand in dieser kurzen Zeit weder erfassen noch begreifen. Immer wieder musste der Finne mir versichern, dass das alles wahr sei. Als ich den beiden erzählte, ich sei vor Hitler und dem Krieg geflohen und würde hier seit fünf Jahren als Einsiedler leben und sie die ersten Menschen seien, mit denen ich seit dieser Zeit gesprochen hätte, gerieten diese beiden stillen Finnen ausser sich vor Freude. Sie tanzten, johlten und klopften mir auf die Schulter, boten mir aus einer Flasche Wodka an, dazu dunkles Brot, welches ich krümelweise genoss. Nach einer Stunde verabschiedeten sich die beiden Jäger und setzten ihren Weg fort.

Ich meinerseits packte drei Tage darauf ein kleines Bündel, nahm Abschied von meinem Birkenblockhaus, meiner kleinen Bucht, setzte mich ins Boot und ruderte gegen Süden – ich war vierzig Jahre alt, der Krieg vorüber, das Leben lag vor mir – ich hatte vieles nachzuholen!«

Nie jedoch habe ich mein kleines Blockhaus im tiefen, kühlen, finnischen Wald vergessen, in welchem ich den Krieg überlebt habe...manchmal im Hochsommer, wenn es hier unerträglich heiss wie in einem Backofen wird, denke ich daran.«

»Wow Swami, starker Tabak, eine unglaubliche Geschichte – da kann man nur noch eine Standing Ovation machen und den Hut ziehen.

»Übrigens, Swami, meine Mutter ist Finnin, ich verbrachte unzählige Male meine Ferien bei meinen Grosseltern, im Blockhaus an einem See. Oft habe ich als Junge dort gefischt und bin mit einem Holzboot rumgerudert. Ich fühle mich diesem Land sowie den Menschen dort sehr verbunden. Ich spreche sogar die Sprache.«

»Was du nicht sagst«, staunte der Swami, »Es freut mich sehr, dass auch du einen Draht nach Finnland hast, das ist bestimmt kein Zufall.«

Den Rest des Abends verbrachten wir schwelgend in alten Erinnerungen an Finnland – Nach dieser Geschichte und unserer beider Liebe zu Finnland mochte ich den Swami umso mehr, vertraute ihm voll und ganz.

Am anderen Morgen – ich war noch vor dem Swami wach – sah ich gerade noch den Schwanz der Kobra in Richtung Reisfeld verschwinden. Ich ass eine Banane und begab mich runter an den Strand. Als ich in die Wellen tauchte, erschienen die ersten Strahlen der aufgehenden Sonne über dem heute fast spiegelglatten Meer. Ich fühlte mich super gut drauf, tat aus lauter Übermut einen Jauchzer, klatschte mit der Hand ins Wasser – was für ein Leben!

Nach der Dusche im Reisfeld begab ich mich zum Ziehbrunnen um unseren Tonkrug frisch aufzufüllen. Dort begegnete mir die schöne Bauerstochter die ebenfalls Wasser holte.

»Good morning, Miss, how are you? You look very nice today«, grüsste ich.

Sie wurde etwas verlegen und sagte: »Thank you.«

»May I ask your name, please?«, fragte ich.

»My name is Shanti.«

»Nice to meet you, my name is Eno, I live under that three over there. Have a nice day«, wünschte ich ihr.

»You too«, entgegnete sie und entfernte sich, den Tonkrug auf dem Kopf tragend, Richtung Bauernhaus.

Ich liess den Blecheimer an einem Seil den etwa vier Meter tiefen Brunnenschacht hinunter, liess ihn volllaufen, zog ihn wieder hoch und füllte damit unseren Tonkrug, der zehn Liter fasste. Diesen hievte ich auf die Schulter und machte mich auf den Rückweg zum Baum.

»Guten Morgen, Swami, hast du gut geschlafen?«, begrüsste ich ihn. »Hey Alter, weisst du, wem ich eben begegnet bin? Der Tochter des Bauern – Shanti heisst sie...Swami, ich glaube ich habe mich verliebt!«

Der Swami hielt beim Gähnen und sich Strecken inne, schluckte leer und schaute mich verdutzt an.

»Eno, du spinnst!«, rief er, »auch das noch! Ich hoffe du meinst das nicht im Ernst. Mach bloss keine Dummheiten, wir sind hier nicht im Wilden Westen! In Indien kannst du nicht einfach so eine Frau anbaggern, wie du dich das gewohnt bist. Sie lässt sich nur mit dir ein, wenn du Heiratsabsichten hast. Vor der Hochzeit läuft hier sowieso nichts, das kannst du dir gleich aus dem Kopf schlagen. Ich denke nicht, dass du auf Dauer mit diesem indischen Bauernmädchen glücklich sein würdest.«

»Du hast ja recht, Swami – es ist halt kurz mal über mich gekommen – die Hormone, verstehst du? Stell dir vor, Swami, ich würde Shanti heiraten. Dem alten Vater schenke ich ein paar hundert Dollar, dann wäre er sein Mitgiftproblem los. Vielleicht liesse sich noch ein weiteres Stück Land zu seinem Hof kaufen...wir könnten alle glücklich leben. Das wäre doch eine gute Art, aus dieser ganzen stressigen Ellbogen-, Karriere-, Weiterbildungs- und Leistungsgesellschaft auszusteigen.«

»Ich kann dich gut verstehen«, entgegnete der Swami, »so ähnliche Gedanken haben mich vor dreissig Jahren dazu bewogen, hier in Indien zu bleiben. Es ist bestimmt auch hier nicht alles zum Besten, im Gegenteil, aber ich liebe dieses Land und seine Menschen, trotz all seiner Gegensätze mit denen man jeden Tag konfrontiert wird.

Die Indische Gesellschaft ist auf ihre Art sehr tolerant, sehr grosszügig. Du kannst in diesem Land ohne Probleme von Beruf Geschichtenerzähler, Mönch oder Ohrenreiniger sein. Und es spielt dabei keine Rolle, ob du in einer Höhle, auf einer Bergspitze oder unter einem Baum wohnst. Du darfst an einer Strassenkreuzung eine Woche lang den Handstand machen, keine Behörde würde dir das verbieten, die Leute würden dir Respekt zollen – und wenn du das Ganze noch für irgendeinen Gott tust, bist du schon fast ein Heiliger. Stell dir vor ich würde in Deutschland als halbnackter Swami unter einem Baum wohnen. Nicht auszudenken!

Meinen deutschen Reisepass habe ich vor Jahren in den Ganges geschmissen, der war ohnehin schon längst abgelaufen. Ich besitze weder einen Ausweis, noch ein Dokument über meine Identität – so etwas geht nur hier in Indien! Da ich als weisser Swami auffalle, kommt es ab und zu vor, dass die Polizei mich anhält, mich nach dem Reisepass, nach dem Touristenvisum fragt. Ich grüsse dann jeweils auf indische Art, halte die Hände an die Stirn, blicke den Bullen in die Augen und sage: ›Ich bin Swami Sathyanandapuri, ich bin Bürger dieser Welt und dieses Universums. Ich lebe seit dreissig Jahren in Indien. Ich besitze weder Papiere noch einen Ausweis, Bum Shiva!‹ Die Bullen akzeptieren das in der Regel ohne Probleme. Indische Bettler und Sadhus haben selten einen Ausweis – wieso sollte da ein westlicher Swami einen auf sich tragen? Die wissen zum Glück nicht, dass bei uns jeder Penner einen Ausweis besitzt. Nur einmal, vor einigen Jahren in New Delhi, da wollte so ein Schweinebackengesicht von einem Bullenoberst unbedingt Stress machen und hat mich kurzerhand in den Knast gesteckt. Dort sass ich dann drei Tage meditierend und fastend am Boden, dazu habe ich die ganze Zeit die *Bhagavad-Gita* rezitiert und Om Shiva Om gesungen. Daraufhin war der Bullenoberst von meiner Heiligkeit überzeugt, entschuldigte sich und liess mich laufen.«

An einem Morgen nach dem Frühstück... »He, Eno, lass uns noch ein paar Yogaübungen tun, ich denke wir bekommen bald Besuch von Caterina, einer Heilerin aus England. Caterina hat Akupunktur und Homöopathie studiert, beherrscht diverse Arten von Massagen, zudem hat sie den Grad eines Reikimasters. Sie besucht mich zweimal im Monat und verpasst mir jeweils eine Fullbodymassage, danach fühle ich mich jeweils um zwanzig Jahre jünger – eine Klassefrau, die musst du kennenlernen.«

Ein paar Minuten nachdem wir unsere Übungen beendet hatten, deutete leises Knacken im Unterholz an, dass wir Besuch bekamen. Eine junge Frau von etwa fünfundzwanzig Jahren mit glattrasiertem Kopf betrat das Innere unseres Baumes. Ich musste unweigerlich an die Büste von Nofretete, der schönen ägyptischen Pharaonin denken. Caterina trug eine Art Overall aus glänzender, weinroter, indischer Baumwollseide. In der einen Hand hielt sie einen Bambusstock, in der anderen eines dieser alten klassischen Doktorhandtäschchen aus Leder. Für einen Moment wurde ich ein bisschen unsicher – diese Frau besass eine unglaublich starke Ausstrahlung! Der Swami machte uns einander bekannt.

»Schön, dich wieder zu treffen, nach so langer Zeit«, begrüsste sie mich.

»Gleichfalls«, erwiderte ich, obwohl ich nicht wusste, wieso sie, »nach so langer Zeit«, sagte. Wir smalltalkten, alberten zu dritt ein wenig herum, ich verlor bald meine anfängliche Scheu. Caterina war absolut herzlich, witzig und charmant. Alsbald legte sich der Swami bäuchlings auf seine Matte. Caterina entnahm ihrer Handtasche ein Massageöl mit dem sie des Swamis Rücken einrieb.

Ich begab mich derweil zum Weiler, wo ich bei Amukaram Idlis, Früchte sowie frischen Kaffee einkaufte. Amukaram war wie immer freundlich und guter Dinge.

»Oh, Mister Eno, wie geht es, heute Caterina sein zu Besuch bei die Swami, ich habe schon gesehen.

Caterina ist gute Doktor. Hat gemacht meine Sohn wieder gesund mit spezielle Tee.«

Zurück beim Baum war die Massage noch immer in vollem Gange.

»Es ist nicht einfach, den Swami zu massieren, meinte Caterina scherzend, »der ist so dünn, da hat man buchstäblich nichts zwischen den Fingern.«

»Du musst mal eine Etage tiefer, dort hast du allerhand zwischen den Fingern«, grölte der Swami.

»Ruhe, du alter Lüstling!«, gab Caterina zurück, ihm dabei einen Klaps auf den Po verpassend. Nach der Massage relaxte der Swami noch ein wenig, auch Caterina ruhte sich einen Moment lang aus. Ich verteilte das Essen auf die Teller, goss den Kaffee in die Becher. Beim Essen erzählte Caterina, dass sie zurzeit bei einem indischen Thai- und Kickboxcham-pion Unterricht nehme. Mir blieb fast das Idli im Hals stecken – eine Frau, die kickboxt war mir bis anhin noch nie begegnet!

Nach dem Essen drehte Caterina einen Joint aus schwarzem Nepali-Haschisch. Schon nach zwei Zügen konnte ich die Wirkung spüren, das Haschisch war ausserordentlich stark. Der Swami rauchte nicht mit.

»Hey Swami, alter Indianer, dieses Nepali-Kinikinik hat's verdammt in sich«, sagte ich breit.

»Ich sehe es an eurem Grinsen und an eurem Schlafzimmerblick«, spottete er zurück.

»Eno, hast du Lust auf eine Massage, fragte mich Caterina, »für hundert Rupien verpasse ich dir eine super Massage, die dir gut tun wird.«

»Wieso nicht, sehr gerne, das ist genau das was ich jetzt brauche.«

Caterina hatte nicht zu viel versprochen. Die Wirkung des Haschisch, die anschliessende Massage versetzten mich in einen wohligen, gleitenden Zustand. Ich schwebte auf hundert Wolken, die mich wegtrugen...

Als ich aufwachte, war es bereits Mitte Nachmittag. Der Swami sass schreibend auf seiner Matte.

»Hallo, Swami, guten Morgen...Ist Caterina nicht mehr hier? Wow, ich muss wohl während der Massage völlig weggepennt sein. Ich fühle mich wie neu geboren, Mann, das ist ja eine coole Lady, mega gut drauf.«

»Ich soll dir viele Grüsse bestellen, wenn du wieder wach bist.«

»Danke, Swami, ist Caterina eigentlich solo oder irgendwie liiert?« wollte ich wissen.

»Ah – schau einer an, heute Morgen warst du in Shanti verliebt und jetzt schon in Caterina, das geht aber schnell bei dir. Bestimmt wäre sie eine interessante Partie für dich. Im Moment jedoch ist es schwierig an sie ranzukommen. Caterina hatte grosses Pech, sie wurde vor einem halben Jahr vergewaltigt. Sie erlitt dabei ein Trauma, einen Schock. Ihr Selbstwertgefühl hat sehr stark gelitten. Ihr Vertrauen zu Männern ist ziemlich lädiert! Das ist auch der Grund, wieso sie diese Kickbox-Lektionen nimmt. Sie hat einfach unheimliche Angst, dass so etwas noch einmal passieren könnte.«

»Traurig, Swami, verdammt, da schäme ich mich manchmal, ein Mann zu sein.«

»Hey, Swami, ich gehe ein bisschen schwimmen, kommst du auch mit?«

»Ein andermal«, winkte er ab, »ich habe noch genug vom letzten Mal.«

Von weitem schon sah ich am Strand etwas Grosses, Grausilbriges, Glänzendes liegen.

»Komisches Teil«, dachte ich, »sieht aus wie ein Torpedo oder eine Flugzeugdüse...könnte aber auch eine Fliegerbombe sein« – Nein, das Teil bewegte sich jetzt leicht. Oh Schreck... ein angeschwemmter Hai! Deutlich konnte ich die Rückenflosse sehen. Vorsichtig näherte ich mich, man konnte ja nie wissen...»Vielleicht schlägt plötzlich der Hai um sich und beisst mir ein Bein ab.«

Zwei Schritte davor – war denn das die Möglichkeit? – entpuppte sich der Hai als Delfin, der hilflos im Sand lag und nicht mehr zurück ins Wasser konnte.

Wie kam der Delfin an den Strand? Die letzte Flutmarke befand sich etwa drei Meter vor ihm – seltsam, der Delfin war doch nicht einfach so an den Strand gehüpft! Ich sah, dass er sehr geschwächt war. Hilflos ruderte er mit den Seitenflossen. Aus seinem Atemloch trat röchelnd Luft. Im Zeitraffertempo erinnerte ich mich an all die Flippersendungen, die ich in meiner Jugend im Fernseher gesehen hatte – das Atemloch und die Haut eines Delfins sollten immer feucht sein – hier war beides komplett ausgetrocknet! In Windeseile zog ich meine Badehose aus, tunkte sie im Meer und benetzte damit die Haut und das Atemloch. Dem Delfin schien das sichtlich gut zu tun. Vorsichtig legte ich die nasse Badehose um das Atemloch und sprintete splitternackt zurück zum Baum – Der Swami staunte nicht schlecht.

»Du siehst aus, als wäre eine Horde geiler Weiber hinter dir her«.

»Vergiss die Weiber, Swami! Unten am Strand ist ein Delfin gestrandet, er liegt im Sterben – wir müssen ihm helfen, schnell! Wir brauchen ein, zwei Tücher und den Wäscheeimer,« keuchte ich ausser Atem, während ich eine andere Shorts anzog.

Der Swami wirkte ganz verdattert... so viel Blitzak-tion gab es wohl selten in seinem geruhsamen Leben unter dem Baum, doch schliesslich kapierte er. Und so rannten wir – ich voraus mit dem Eimer, der Swami hintendrein mit ein paar Tüchern – zum Strand, wo der Delfin lag. Der Swami tauchte die Tücher ins Meer, legte sie klatschnass über den Delfin. Ich goss noch zwei, drei Eimer Wasser darüber.

»Das ist ja ein stattlicher Brocken«, staunte der Swami, »wieso liegt der so weit zurück am Strand?«

Die Lebens- oder Überlebensenergie kehrte nun langsam in den Delfin zurück. Er fuchtelte mit den Flossen, versuchte mit aller Kraft zurück ins Meer zu robben. Er schaffte dabei kaum einen Zentimeter. Die Distanz zum Wasser jedoch betrug vier Meter – nicht zu schaffen! So graziös und wendig der Delfin sich im Wasser bewegt, an Land ist er hilflos und plump. Wir versuchten nun, seine Seitenflossen zu fassen, was nicht gelang, weil der Delfin wie wild um sich schlug, so eine schlagende Delfinflosse war nicht zu halten. Beruhigend redete ich ihm zu, streichelte ihn sanft, der Swami sang leise Om...und siehe da, der Delfin entspannte sich und liess sich nun widerstandslos an den Flossen fassen. Irgendwie schien er zu spüren, dass wir keine Feinde waren, sondern Freunde, die ihm helfen wollten.

»Okay, Swami...eins, zwei, hau ruck!«

Mit aller Kraft versuchten wir, den Delfin zurück ins Meer zu schieben. Es nützte jedoch alles nichts, wir kamen nicht vom Fleck.

»Uff, Eno«, schnaufte der Swami, »keine Chance, ich schätze der Kerl hat über hundert Kilo drauf – auf dem Sand rutscht er überhaupt nicht.«

Auch der Delfin machte wieder einen entmutigten, resignierten Eindruck.

»Dann bleibt uns nichts anderes übrig, als einen Kanal zu graben,« schlug ich vor. »Ich schätze, es ist jetzt gerade Flut, dass Wasser kommt also noch etwas näher, bis zur alten Wassermarke dort im Sand. Das wären dann noch etwa drei Meter, plus die Länge des Delfins – müsste eigentlich klappen.«

Mit Hilfe von Kokosnussschalenhälften, die wir am Strand fanden, buddelten wir einen Kanal vom Meer her Richtung Delfin. Mit jeder Welle kam die Flut etwas näher, der Kanal füllte sich langsam mit Wasser. Auch der Delfin schien das zu merken. Er wurde wieder unruhiger...Die nächste, etwas grössere Welle brachte das Wasser schon fast bis zum Kopf. Nun begannen wir den Sand unter dem Körper weg zu graben. Die folgende Welle umspülte bereits den Kopf des Delfins. Dieser schnatterte dabei vor Freude und Aufregung. Er konnte es kaum erwarten, wieder in seinem Element zu sein! Langsam unterhöhlte das Wasser den Delfin, spülte den Sand weg.

»Hey, Swami, ich schätze, noch ein paar Wellen, dann haben wir es geschafft«, rief ich.

Erneut fassten wir an den Seitenflossen – nächste Welle, hau ruck...diesmal kam der Delfin mit dem Rückwärtssog einen halben Meter vorwärts. Noch einmal – eins...zwei, wir schoben aus Leibeskräften, der Delfin machte dazu robbende Bewegungen...fast schafften wir es aus dem Kanal hinaus. Noch eine Welle und unser Delfin glitt langsam zurück ins Meer. Mit einem grandiosen Sprung verabschiedete er sich von uns, tauchte noch einmal auf, schnatterte ein Dankeschön, verschwand daraufhin endgültig in der unendlichen Weite und Freiheit des Meeres. Ich hatte feuchte Augen – als Binnenlandschweizer rettet man ja nicht alle Tage einen Delfin! Auch der Swami war tief bewegt. Durch die ganze Rettungsaktion waren wir arg ins Schwitzen geraten, klebten voller Sand. Unter der Dusche im Reisfeld wuschen und erfrischten uns.

Weder der Swami noch ich konnten uns schlüssig erklären, wie der Delfin so weit hinein an den Sandstrand gelangen konnte.

Am Abend vor dem Schlafengehen sassen wir im Schein der Petrollampe noch eine Weile beisammen, plauderten über dies und das. Der Swami wollte wissen, ob es mir in Amerika gefallen hatte, wie es sich da so lebt. »Es ist Samstagabend, ich habe Lust auf einen amerikanischen Film«, scherzte er. »Du hast doch bestimmt ein paar Anekdoten aus diesem Land auf Lager?«

»Was möchtest du denn gerne sehen, Swami, Komödie, Drama…Krimi?«

»Komödie!«

»Also, ich erzähle dir die Komödie, wie ich mir eine Weltkarte kaufen wollte; das war so:

Ich befand mich auf einer Radtour in South Carolina an der Ostküste. In Summter, einer grossen Stadt, schaltete ich einen eintägigen Zwischenhalt ein. Irgendwie kam ich dort auf die Idee, mir eine Weltkarte zu besorgen. Im Stadtzentrum von Summter, an der

Hauptstrasse, betrat ich einen Bücherladen. Hinter dem Tresen stand eine ältere Verkäuferin. ›Guten Tag‹, grüsste ich, ›ich suche eine Weltkarte oder einen Weltatlas, führen sie sowas im Sortiment?‹

›Aber sicher,‹ gab sie mir zur Antwort, verschwand dabei im Hinterzimmer. Ich hörte sie eine Leiter hinaufsteigen, vernahm ein Wühlen im Papier. Nach einer Weile kehrte sie mit einer halben Meter langen Papierrolle zurück, welche sie entrollte und mir zeigte. Auf der Karte war nur gerade die USA abgebildet. Ich dachte: ›Vielleicht hat sie mich falsch verstanden,‹ also sagte ich: ›Sorry, ich möchte gerne eine Weltkarte oder einen Atlas mit allen Kontinenten und Ländern dieser Welt drauf, nicht nur den USA.‹

Die Verkäuferin verschwand wieder im Hinterzimmer, wühlte herum, kam erneut mit einer noch grösseren Rollkarte. Als wir es schliesslich zusammen geschafft hatten, diese widerspenstige Rollkarte zu entrollen, zeigte diese nur die USA und Kanada.

›Mich laust der Affe«, dachte ich, ›kapiert die wirklich nicht, was ich meine?‹ Also noch einmal. ›Well, Ma`am, das ist immer noch nicht ganz das, was ich suche, aber wir kommen der Sache näher. Ich suche eine Weltkarte der ganzen Welt, mit allen fünf Kontinenten und allen Ländern, Australien, Europa, Afrika...verstehen sie?‹

Die Lady kramte abermals im Hinterzimmer, präsentierte mir erneut eine von diesen unmöglichen Rollkarten. Diese schien etwas schmäler, dafür länger zu sein. Die Verkäuferin hielt die Karte an die Wand, ich entrollte sie gegen den Fussboden. Auf diesem Exemplar waren die USA, Kanada und Südamerika abgebildet. Ich liess die Karte unten los, diese schnellte nach oben wie eine dieser

Faschingsrollblaspfeifen – spätestens jetzt hätte ich aufgeben, die Sache vergessen sollen. Ich wollte aber diese Weltkarte - und wenn es sein musste, mit der Brechstange! Ich blickte die Verkäuferin nun ein wenig schärfer an, legte einen forscheren Ton auf.

›Hey, Miss, haben sie in diesem Laden eine Weltkarte oder nicht, mit allen Ländern drauf, inklusive Russland.‹

Beim Namen "Russland" fiel der Kinnladen der Verkäuferin vollends runter, sie blickte mich ganz entsetzt an - Ich kam mir vor, als hätte ich nach etwas Verbotenem gefragt. Zu guter Letzt eröffnete sie mir, dass sie so etwas nicht im Sortiment führten. Ich fragte, ob vielleicht irgendwo anders in der Stadt eine Möglichkeit bestünde, das Gewünschte zu bekommen. Die Verkäuferin dachte eine Weile nach. ›Sehr schwierig,‹ meinte sie, ›mit viel Glück vielleicht in der grössten Buchhandlung der Stadt.‹

Diese befand sich nur drei Blocks weiter an derselben Strasse. Hinter dem Ladentresen standen zwei Verkäuferinnen. Ich hatte aus dem ersten Laden meine Lehren gezogen und kam direkt zur Sache: ›Good Morning, ich suche eine Weltkarte oder Weltatlas mit allen Ländern und Kontinenten dieser Welt.‹

Die zwei Verkäuferinnen guckten mich an, als ob ich eine Strassenkarte vom Neptun oder Uranus verlangen würde. Sie verneinten alle beide kopfschüttelnd, ›sorry‹...die eine kramte schon wieder eine dieser unpraktischen Rollkarten hervor, auf der wie immer nur die USA abgebildet war.

›Gibt es wirklich keine Möglichkeit, in einer solchen Riesenstadt eine Weltkarte zu bekommen?‹ fragte ich ungläubig. Aus dem Nebenraum erschien jetzt noch ein Typ, den ich hilflos anblickte...alle drei schüttelten den Kopf – ›no chance!‹

Ich fragte, ob vielleicht in Columbia, der Hauptstadt von South Carolina, eine Möglichkeit bestünde. Die Verkäuferin suchte im Telefonbuch, rief die grösste Buchhandlung in Columbia an – negativer Bescheid! ›Das darf doch nicht wahr sein,‹ dachte ich, ›das gibt's doch nicht!‹ Stell dir vor Swami – auf dem Tresen neben der Kasse stand ein Mondglobus für 29 Dollar, den man innen beleuchten konnte, daneben lag ein Stapel Mondkarten. Ich wurde langsam ungehalten und fragte: ›Wo zum Teufel kann ich in diesem Land eine Weltkarte kaufen?‹ Ihr denkt wohl, die Welt besteht nur aus Amerika!‹ Die Verkäuferinnen zuckten verlegen mit den Schultern, der Typ schaute mich an, als wolle er fragen: ›*Why the fuck* brauchst du eigentlich eine Weltkarte?‹ Die Verkäuferin rief noch einmal die Buchhandlung in Columbia an. Diese versprachen, sich darum zu kümmern und in einer Viertelstunde zurückzurufen.

Ich genehmigte mir in der Zwischenzeit in der Bar gegenüber ein Bier.

Zurück im Buchladen, teilte mir die Verkäuferin mit, dass die nächste Möglichkeit, einen Atlas oder eine Weltkarte zu bekommen, in New Orleans sei. Diesmal war ich derjenige, dem der Kinnladen nach unten fiel...New Orleans lag über tausend Meilen weit weg in Louisiana, im übernächsten Bundesstaat.

Geschlagen verliess ich den Buchladen, genehmigte mir aus lauter Frust in einer anderen Bar noch einmal ein Bier. Ich konnte, wollte es einfach nicht glauben, begreifen, geschweige denn wahrhaben, was ich da soeben erlebt hatte – in der Schweiz führt der letzte Kiosk im hintersten Kaff einen kleinen Taschenatlas, im grossen, super Amerika aber gab es offensichtlich ganze Bundesstaaten ohne Weltkarten und Atlanten!

Innerlich regte ich mich fürchterlich auf, am liebsten hätte ich dem amerikanischen Präsidenten telefoniert und ihm meine Meinung über diese Art von gesteuerter Volksverdummung gesagt.«

In Los Angeles wohnte ich eine Zeit lang zusammen mit sechs Leuten in einer WG. Wenn wir Besuch bekamen, stellten die mich immer als »the guy from Sweden«. Ich habe dann immer korrigiert und gesagt »from Swizzerland«. Nach zwei Monaten hatten die das immer noch nicht gecheckt – für die war Sweden die Verkleinerungsvorm von Switzerland. Mit der Zeit war's mir dann egal, war ich halt the guy from Sweden, bei denen spielte das sowiso keine Rolle. Ich hätte auch sagen können, ich stamme aus Swamiland vom Kontinent Akazien – die hätten das überhaupt nicht angezweifelt.«

Der Swami war überhaupt kein Amerika-Fan, er ging bei meiner Geschichte voll mit, klatschte sich begeistert auf die Schenkel, lachte und grölte, »das habe ich schon immer geahnt«, rief er, »das ist das andere Amerika – nicht das unbegrenzte, sondern das sehr begrenzte!

In Zukunft musst du mir jeden Samstagabend einen amerikanischen Film erzählen«.

»Abgemacht, Swami, nächste Woche ist ein Krimi auf dem Programm.«

Wenig später rollten wir uns in die Decken, ich tauchte sogleich ab. Vor der Kobra fürchtete ich mich nicht mehr – im Gegenteil, ich fand es schön, dass da eine Kobra ein paar Meter neben mir schlief, genau so müde war, ebenso ihren Schlaf brauchte wie ich.

Am nächsten Morgen, wir sassen gerade beim Frühstück, bekamen wir überraschend Besuch von Angelo.

»Ah, wie schön, ein richtiger Engel – sei willkommen!«, begrüsste ihn der Swami.

»Im Moment fühle ich mich gar nicht wie ein Engel, eher wie ein Volltrottel! Ich habe meinen Pass und mein Geld in einer Rikscha auf der Sitzbank liegenlassen, alles weg! Ein kleiner Moment der Unachtsamkeit, ich war übermüdet und gestresst, so ist es halt passiert!«

Das waren gar keine guten News an diesem ruhigen Morgen. Mein Freund tat mir sehr leid, das bedeutete für ihn eine Menge Stress und unangenehme Bürokratie.

»Übrigens, ich war vier Tage bei Sai Baba im Aschram«, erzählte Angelo, »länger habe ich es da nicht ausgehalten, die Energie dort, die Atmosphäre gefiel mir nicht. Dieser Sai Baba kam mir reichlich dekadent vor, der war mir überhaupt nicht sympathisch. An einem Abend hat er tatsächlich zwei Amulette und einen Fingerring materialisiert – simple Zaubertricks – und dabei benahm er sich ziemlich ungeschickt. Aber die Leute glauben ihm, bei denen setzt jeglicher Verstand aus. Mich hat dieser Sai Baba und sein Aschram überhaupt nicht überzeugt. Man muss schon reichlich naiv sein um das gut zu finden. Oder was meinst du Swami?«

»Ich bin ganz deiner Meinung, ich könnte jeden Satz unterschreiben – dieser Typ verarscht die Leute, die Gläubigen werden immer verarscht, egal an was sie glauben! Zu meiner Zeit glaubten viele an Hitler, nur wenige wussten um Hitler.«

»Ich war zudem noch einen Tag auf Cape Comorin«, fuhr Angelo fort, »ein trostloser, ungastlicher Ort diese südlichste Spitze Indiens. Ein paar Felsbrocken, die See ist aufgewühlt, das Wasser braun, dazu weht ein kräftiger Wind. Kurzum, die letzten Tage waren in jeglicher Hinsicht die totale Pleite – Ich wäre gescheiter hier geblieben, aber ich bin selber schuld, ich musste ja unbedingt zu diesem verdammten Cape und zu diesem blöden Sai Baba - hätte ich nur auf mein Gefühl und mein Herz gehört und nicht auf meinen Verstand. Ich wusste, dass Sai Baba und Cape Comorin es nicht bringen, aber mein Verstand wollte den Beweis. Ich werde für die Missachtung dieser Regel teuer bezahlen müssen, aber im Nachhinein ist man immer gescheiter!«

»Und was gedenkst du jetzt zu tun?«, fragte ich Angelo.«

»Es bleibt mir wohl nichts anderes übrig, als nach New Delhi zu fahren, zum Schweizer Konsulat, ich brauche einen neuen Reisepass, oder wenigstens irgendein Provisorium. Ich denke, danach fliege ich erst mal zurück in die Schweiz.«

»Ich würde sagen: Du bleibst jetzt erst mal hier ein paar Tage bei uns unter dem Baum und erholst dich ein bisschen. Ob du deinen Reisepass ein paar Tage früher oder später als verloren meldest, macht den Braten nicht fetter«, meinte der Swami.

Zu dritt verbrachten wir ein paar wunderschöne Tage. Angelo genoss jede Sekunde, jede Welle, jeden Atemzug.

Am fünften Tag machte sich Angelo schweren Herzens auf seinen Weg – achtundvierzig Stunden Zugfahrt bis New Delhi, dazu die ganze Bürokratie auf dem Schweizer Konsulat und der Indian Immigration – das war kein lustiger Trip!

»Angelo, ich habe dich die letzten Tage eingehend studiert – du trägst deinen Namen nicht zu Unrecht, du bist tatsächlich ein Engel. Ein Engel in Menschengestalt. Es gibt nur wenige Menschen in Engelform, du bist einer von ihnen. Du wirst es nicht leicht haben. Sei auf der Hut vor den Mitmenschen, vertraue ihnen nicht leichtfertig – Engel werden oft ausgenutzt, hintergangen, missbraucht! Sei wachsam und achtsam vor der Hinterlist der Mitmenschen. Angelo, du besitzt eine selten klare, reine Ausstrahlung, dabei siehst du verdammt gut aus...die Irdischen sind voller Neid, Egoismus, Lüge und Falschheit. Sie benehmen sich hinterlistig, intrigant und gemein, manche sind dazu noch brutal und böse. Du musst aufpassen, dass du nicht in ihren Sumpf gerätst. Jeder Mensch besitzt seine eigene, spezifische Ausstrahlung, ist umgeben von seiner Aura. Ein primitiver Rowdy strahlt eben den primitiven Rowdy aus. Ein herzensguter Mensch strahlt eben Herzensgüte aus...du weisst wie es ist auf der Welt, das Gute wird oft denunziert und fertig gemacht. Es heisst dann, er oder sie war eben zu gut. Darum gibt es nur eines, du musst dich tarnen, eine Maske tragen, sonst fällst du zu sehr auf. Du verleugnest dich deswegen nicht, es geschieht nur zu deinem Selbstschutz.«

»Ich danke dir für deinen Rat, Swami, ich werde ihn mir zu Herzen nehmen und ihn in meinem Leben versuchen umzusetzen. Bestimmt komme ich hier wieder einmal vorbei, vielleicht schon im nächsten Jahr. Es war super schön mit euch beiden unter diesem Baum, daran werde ich mich für immer erinnern.«

Der Swami und Angelo umarmten sich, nahmen Abschied voneinander, auch ich nahm Abschied von meinem Freund...wir hatten beide feuchte Augen. Irgendwie hatte ich ein ungutes, mulmiges Gefühl, ein Gefühl als sähen wir uns zum letzten Mal in diesem Leben.

»Dein Freund Angelo ist wirklich ein Engel«, sagte der Swami, nachdem Angelo gegangen war.

»Er wird es nicht leicht haben in dieser Gesellschaft...um dich habe ich da weniger Angst, du beherrscht das Maskenspiel, ich habe gesehen, dir steht ein ganzes Repertoire zur Verfügung. Aber auch du musst dich hüten – du hast viele Neider, die dich um dein Aussehen, dein Charisma, deine Selbstsicherheit, deine Fantasie, deinen inneren Reichtum und deinen weiten Horizont beneiden. Sie warten nur auf einen schwachen Moment, dann wischen sie dir eines aus!«

»Wenn du wüsstest wie recht du hast, Swami! Ich habe diesbezüglich schon einiges an Gemeinheiten einstecken müssen...aber sie haben es alle nicht geschafft!«

An einem anderen Tag besuchten wir einen Bekannten vom Swami, Bernhard, ein Anthroposophe aus Deutschland, der zwei Kilometer von uns entfernt in einem Bambushaus auf Stelzen wohnte.

»Hallo, Bernhard, guten Tag, du altes, versteinertes Fossil, wie geht es dir?«, begrüsste ihn der Swami scherzend. »Weisst du, was das Problem ist mit euch Anthroposophen?«, begann er. »Ihr seid alle zu vergeistigt, euch fehlt die Ekstase, der Humor.«

Bernhard schien grosse Probleme zu haben, er war sechzig Jahre alt, seit drei Jahren von seiner Frau geschieden. Seine Kinder – in Waldorfschulen gross geworden – waren am Leben gescheitert. Der Sohn war schwer drogenabhängig, die Tochter fing jedes Jahr mit einer neuen Ausbildung an, die sie nach ein paar Monaten frustriert wieder hinschmiss. Bernhard machte sich bittere Vorwürfe, wirkte frustriert und unglücklich. Er wollte seinem Leben in Indien ein Ende setzen, sich an einem Baum aufhängen. Der Swami hatte ihn buchstäblich in letzter Sekunde gefunden und gerettet. Zurück nach Deutschland wollte Bernhard nicht mehr. Er gedachte, den Rest seines Lebens in Indien zu verbringen. Zum einen wusste er, dass wohl seine einseitige anthroposophische Lehre an seiner ganzen Lebensmisere schuld war, andererseits hatte er Mühe, sich einzugestehen, dass er vierzig Jahre lang zu einseitig nur auf diese eine Lehre gebaut hatte. Es wurde ihm bewusst, dass er dadurch viel verpasst hatte.

»Du hast vierzig Jahre lang nur trockenen Reis gefressen, hast ignoriert, dass es da noch Salate, Saucen, Gemüse, Früchte, Gewürze und Desserts gibt«, erklärte der Swami. »Deine geistige Nahrung war zu einseitig, deswegen hast du Mangelerscheinungen bekommen. Du hast dich in sämtlichen Aspekten und Fragen des Lebens immer auf Rudolf Steiner bezogen. Du hast dich je nach Situation hinter Steiner versteckt, hast für ihn gekämpft, oder ihn als Schutzschild gebraucht. Dein Lieblingsspruch lautete: ›Steiner hat gesagt...‹ Zuletzt bist du zu einem versteinerten, unbeweglichen Fossil geworden, wolltest dich umbringen.

Wirkliche Weisheit kommt von innen, sie beinhaltet viel mehr als Anthroposophie. Wirkliche Weisheit liegt in der Kombination der Dinge. Das Geheimnis eines raffinierten Essens liegt in der Kombination der Zutaten – und du hast dir eingeredet, dass du nur trockenen Reis brauchst. Es ist ein Wunder, dass du noch lebst!«

Bernhard offerierte uns Kaffee und Nusskuchen, bei der Gelegenheit machte er vom Swami und mir ein paar Fotos, er meinte, wir beide passten gut zueinander. (Nie hätte ich damals gedacht, dass eines dieser Fotos auf dem Cover meines Buches landen würde). Ich schaltete mich nicht gross in die Diskussion der beiden ein, von Anthroposophie verstand ich zu wenig. Es war jedoch interessant, ihnen zuzuhören. Beide befanden sich auf einem geistigen, spirituellen Weg, suchten die Wahrheit. Mir schien, dass der anthroposophische Bernhard sich eher in einer engen Sackgasse befand, statt der Wahrheit einen Haufen Steine gefunden hatte, während der Swami auf dem Datenhighway surfte...Obwohl fast zwanzig Jahre jünger, sah Bernhard älter als der Swami aus. Seine Ausstrahlung wirkte verknöchert und steif, die Augen schienen ohne Glanz, die Lebensenergie war gleich null. Zudem qualmte er jede Menge Zigaretten. Der Swami hingegen sprühte vor Lebensenergie, Optimismus und Vitalität. Er besass Humor und Schalk, seine Augen leuchteten. Aus ihm sprach wirkliche, erfahrene Weisheit, er plapperte nicht einfach etwas Gelesenes nach. Er strahlte Gleichmut und inneren Frieden aus, obschon er es sicher auch nicht einfach gehabt hatte in seinem Leben, dabei manchen Schicksalsschlag verdauen musste.

»Rudolf Steiner«, fuhr der Swami fort, »hat in seinen Büchern die geistigen Welten beschrieben, oder umschrieben, wie einer der den Orgasmus beschreiben will, selber aber noch nie einen erlebt hat. Ich kann dir versichern, Steiner hat die geistige Welt nie betreten. Er ahnte jedoch, dass es sie geben muss. Er hat wie Moses das Gelobte Land nie selber betreten, hat es nur aus der Ferne anschauen dürfen.«

Bernhard tat mir irgendwie leid, er sass ganz geknickt und traurig da. Er hatte nie wirklich gelernt, zu argumentieren, er selber zu sein. Alles, was er sagte, war von Steiner schon vorgekaut und schmeckte ziemlich fade. Er verlor sich in den unendlichen Elfenbeintürmen der Anthroposophie – weder der Swami noch ich kamen wirklich mit, was er meinte...er kam einfach nie auf den Punkt, auf die Essenz! Es war anstrengend, ihm zuzuhören, mir drehte der ganze Kopf. Nach drei Stunden verabschiedeten wir uns.

»Wow, Swami, was es nicht alles gibt, und die meinen, sie gehören zur geistigen Elite – Einbildung ist auch eine Bildung!«

»Die Bildung der eingebildeten Anhänger!«, ergänzte der Swami. »Es spielt dabei keine Rolle ob man Anhänger von Osho, Rudolf Steiner, oder Ron Hubbard ist. Als Anhänger ist man eben nicht mehr als ein Anhänger! – Man hängt sich jemandem an. Und wenn man sich jemandem anhängt, hat man offensichtlich ein Problem – Ein Sicherheitsproblem - man kommt alleine nicht zurecht, braucht einen Führer, jemanden den man anbeten, huldigen oder verehren kann. Diejenigen, die einen Weissmagier erwischen, haben dabei noch Glück gehabt - Ansonsten ist man bei Scientology oder der Kryon-Sekte gelandet.«

Wieder unter dem Baum, hielten wir ein kurzes Schläfchen, der lange Spaziergang am Meer und Bernhards anthroposophische Geistesflüge hatten uns beide ermüdet. Zum Nachtessen begaben wir uns zu Amukarams Foodstall. »Ah...die Swami kommt mit die Eno, wollen essen viel gut bei die Amukaram. Amukaram ist die viel beste Koch von Indien. Heute ich habe frisches Fisch.«

Wir bestellten uns je ein Fischcurry mit Reisbeilage.

»Übrigens, Eno, morgen ist Vollmond«, eröffnete mir der Swami während des Essens. »Ich fahre dann mit dem ersten Bus in aller Frühe los, nach Tiruvannamalai zum grossen Shivatempel, um zu betteln. Das Vollmondfest dauert den ganzen Tag und die ganze folgende Nacht bis zum anderen Morgen. Mit dem ersten Frühbus komme ich wieder zurück. Morgen ist mein Arbeitstag, der dauert 24 Stunden. Hast du Lust, mich zu begleiten?«

»Danke für die Einladung, Swami, eigentlich wollte ich morgen wieder einmal in die Stadt, um einige Dinge zu erledigen und ein paar Sachen einzukaufen. Ich könnte jedoch mit dem Nachmittagsbus nachkommen.«

»Wie du möchtest, Eno, du findest mich auf alle Fälle auf der linken Seite des Südportals, bei der grossen Säule, dort habe ich meinen Stammplatz.«

Am Abend spielten wir noch eine Partie Schach, die der Swami, natürlich haushoch überlegen, in einer halben Stunde gewann!

Der Swami legte sich heute etwas zeitiger schlafen als gewohnt, er hatte morgen einen anstrengenden Tag vor sich. In aller Herrgottsfrühe brach er dann auf, ich war noch so halb am Pennen und bekam nicht viel mit. Eine Stunde nach Sonnenaufgang stand auch ich auf, nach einer Dusche auf dem Reisfeld, setzte ich mich für einen Moment zur Meerseite hin, vor unseren Baum. Schon von weitem sah ich eine Frau in meiner Richtung den Strand entlang gehen, in den Armen schien sie ein Kleinkind zu tragen – Seltsam! Was macht hier eine Frau mit einem Kleinkind an diesem einsamen Strandabschnitt? Genau unterhalb unseres Baumes legte sie das Kind am Strand auf den

Sandboden. Das Kind war in ein buntes, farbiges Tuch gehüllt, einen Kopf konnte ich nicht ausmachen, das Kleine war sehr ruhig und schien zu schlafen. Nun begann die Frau mit blossen Händen eine Grube in den Sand zu graben. In diese legte sie das in Stoff gehüllte Kind. Noch wollte mein Verstand nicht wahrhaben, begreifen, was da gerade vor sich ging. Verzweifelt suchte ich nach einer anderen Erklärung...aber es gab keine Diese Mutter begrub ihr eigenes totes Kind! An diesem wunderschönen, ruhigen Morgen war dies ein brutaler Filmriss, ein Dolchstoss mitten ins Herz! Dass war die brutale Seite Indiens!

Die verzweifelte Mutter klagte und weinte bitterlich. Nachdem sie das Grab zugedeckt hatte, errichtete sie darauf einen kleinen Sandhügel, den sie mit Muschelschalen verzierte...mir brach es das Herz Wo war der Ehemann dieser Frau, wo waren die Angehörigen, die Schwestern, Brüder, die Eltern ? Für mich war dies alles nicht nachvollziehbar. Ich war extrem unruhig, traurig und fassungslos, ich hielt es unter unserem Baum fast nicht mehr aus. Am liebsten wäre ich zu dieser einsamen Frau gegangen. Es war in mir ein grosses Bedürfnis, ihr meine Trauer und Anteilname mitzuteilen Aber, konnte ich das wirklich tun, war das angebracht, was wusste ich schon von dieser fremden Kultur...? Letzten Endes war ich ein weisser Tourist aus dem Westen. Ich wusste ja nicht, wie sie reagieren würde, vielleicht wollte sie alleine sein, nicht gestört werden. Vielleicht bekommt sie Angst, wirft mir eine Handvoll Sand ins Gesicht und rennt schreiend fort. Ich wollte sie auf keinen Fall erschrecken. Nach einer Stunde, die mir ewig vorkam, sass dieses arme Wesen immer noch weinend und klagend vor dem Grab ihres Kindes. Ich war fix und fertig. Was sollte ich angesichts dieser Situation tun? Ich fühlte, dass die Frau sehr durstig sein musste – Weinen macht sehr schnell durstig, zudem war es schon gegen Mittag und sehr heiss am schattenlosen Strand. Ich riss mich zusammen, gehorchte nur noch meinem Instinkt und meinen Gefühlen. Alle Konventionen, Religionen, Rassenunterschiede und Geschlechterunterschiede waren mir in diesem Moment scheissegal, es war meine Menschenpflicht, diesem Menschen in dieser schweren Stunde beizustehen. Ich füllte eine gebrauchte Pet-Flasche mit Wasser und begab mich ganz vorsichtig und langsam, die rechte Hand ans Herz gelegt, zu der weinenden Frau. Ich nickte kurz zum Gruss, legte die Handflächen aneinander und reichte ihr die Wasserflasche. Gierig griff sie danach und trank die halbe Flasche leer. Die Frau war etwa dreissig Jahre alt, anhand ihrer ärmlichen Kleidung schloss ich, dass sie zu den Dhalids gehörte, zu den Unberührbaren - die unterste Stufe des Indischen Kastensystems. In gebührendem Abstand setzte ich mich neben sie. Sie schien nichts dagegen zu haben, im Gegenteil, in ihrem Gesicht zeigte sich eine kurze Erleichterung. Sie war froh, nicht mehr alleine zu sein, jemand, der an ihrem Schicksal Anteil nahm tat ihr offensichtlich gut. In diesem Moment der Trauer vergass auch sie den Kasten-, Rassen- und Geschlechterunterschied. Stumm und traurig sassen wir zusammen vor dem kleinen muschelgeschmückten Sandgrab – Es gibt den Moment jener Gefühle, wo es keine Worte mehr gibt! Das einzige Wort, das über die Lippen der trauernden Mutter kam, war Suraja, wobei sie auf das Grab deutete - Für diesen Moment waren wir eine Familie und Suraja war meine Tochter.

Nach einer halben Stunde verabschiedete ich mich, schenkte der Frau hundert Rupien und begab mich zurück unter unseren Baum. Dort zog ich mich um, danach fuhr ich mit dem Bus nach Pondicherry.

Während der Fahrt liess ich dieses erschütternde Begräbnis noch einmal Revue passieren. Ich hatte den Verdacht, dass dies erst der Anfang eines neuen Zyklus mit dem Swami unter dem Baum war. Hätte ich geahnt, was da in Zukunft alles auf mich zukam, wäre ich wohl nicht mehr zurückgekehrt.

Im Hot-Breads, einer French-Bakery, trank ich zwei Cappuccinos und ass einen Schokocroissant – nach all den Idlis eine tolle Abwechslung! Ein deutscher Osho-Sannyasin in weinrot-orangenen Klamotten, einer dieser Huldiger-Anbeter und Verehrertypen mit umgehängter Mala, nahm am selben Tisch Platz – eine Aura des Möchtegernerleuchteten ausstrahlend. Ich liess mich in ein kurzes Gespräch verwickeln, das sich in der Hauptsache um Osho drehte, das darauf hinauslief, dass zu allem was ich sagte – ähnlich wie bei Bernhard, dem Antrposophen, ein vorgekautes Statement von Osho folgte. Auf meinen Reisen in Indien hatte ich schon oft Sai Baba, Amma- und Osho-Anhänger angetroffen – ich konnte nie etwas anfangen mit ihnen. Etwas schien mich grundsätzlich von ihnen zu unterscheiden. Ich hatte sogar einmal ein Buch von Osho gelesen, das war nicht einmal so übel – aber deswegen ein huldigender Anhänger werden...?

Anschliessend begab ich mich zum GPO. Eine Nachricht von meinen Eltern sowie ein inniger Liebesbrief von Erica waren Poste Restante angekommen. Meine Eltern rief ich sogleich vom Telegrafenamt aus in die Schweiz an. Meine Mutter erzählte, es lägen zwanzig Zentimeter Schnee bei minus fünf Grad – und ich schwitzte hier bei sich drehenden Ventilatoren im Plusbereich von dreissig Grad. Für einen Augenblick überkam mich jenes tolle Gefühl mit einem Hauch von Mitleid, das tropenreisende Zugvögel im Winter für die Daheimgebliebenen empfinden. An Erica vermochte ich im Moment weder zu schreiben noch mit ihr zu telefonieren, unsere letzte Begegnung endete im Streit! Dieser war wohl noch nicht ganz vergeben, noch nicht restlos verdaut – ich brauchte noch etwas mehr Zeit.

Ich schmökerte noch etwas in einem Bücherladen, wo ich eine Biografie über den indischen Freiheitskämpfer und Philosophen Sri Aurobindo, sowie ein Buch über Ayurvedamedizin kaufte. Das Mittagessen nahm ich in einem kleinen, ruhigen Gartenrestaurant ein. Ich bestellte mir ein Chicken-Curry, gönnte mir nach langem wieder einmal eine Flasche Kingfisher-Bier. Das Restaurant war ziemlich gut mit westlichen Touristen besetzt. Während ich auf mein Essen wartete, hatte ich Zeit, deren Unterhaltungen zu lauschen – es war eine andere Welt. Die Gespräche drehten sich in der Hauptsache darum, wo sie schon überall gewesen waren, und wo sie als nächstes hinwollten und wie sehr sie beim Feilschen betrogen worden waren. Am Tisch hinter mir stritt sich ein italienisches Pärchen mit gedämpfter, gepresster Stimme. Offensichtlich schmeckte ihm das Essen nicht...Ich verstehe etwas italienisch und schnappte auf, als sie – eine leicht mollige, resolute Frau, ihm laut zu zischte: »Fahr doch nach Hause zu deiner Mama, iss dort deine Spaghetti und Lasagne!«

Ich bin nicht schadenfroh, war mir aber bewusst, wie unangenehm so ein Partnerstreit ist...ein stilles Lachen jedoch konnte ich mir nicht verkneifen. Mir war schon etliche Male aufgefallen, dass diese verwöhnten Nonna- und Mamasöhnchen sich mit dem indischen Essen schwer taten.

Kaum war mein Essen serviert, betrat Caterina das Restaurant. Sie sah sich nach einem freien Platz um, erblickte mich und setzte sich zu mir an den Tisch. Caterina trug heute ein blaues Kopftuch mit goldfarbenen Stickereien, in welchem sie mich noch mehr an Nofretete erinnerte...Caterina hatte schon gegessen, sie wollte nur ein Lassi trinken und sich ein wenig ausruhen.

»Hast du genug von Swamis Limonenwasser?«, scherzte sie, auf mein Bier deutend.

»Nichts gegen Swamis Limonenwasser, aber hin und wieder ein Bier ist auch nicht zu verachten. Das Letzte habe ich vor drei Wochen getrunken, ich wusste kaum mehr, wie es schmeckt.«

Natürlich erzählte ich Caterina von diesem traurigen Begräbnis, dass ich am Morgen erlebt hatte.

Caterina reagierte geschockt und gefasst zu gleich.

Sie hatte offensichtlich schon einiges erlebt in diesem Land...

»Was hältst du eigentlich vom Swami?«, wollte Caterina wissen, »wie hast du ihn kennengelernt?«

Ich erzählte ihr, unter welchen Umständen ich ihn getroffen hatte, dass ich ziemlich erschrocken sei und dass ich vor sieben Jahren schon einmal unter dem Baum gewesen war.

Caterina erzählte ihrerseits, wie sie den Swami kennen gelernt hatte:

»Mir ist es ähnlich wie dir ergangen, auch ich bin bei meiner ersten Begegnung mit dem Swami ziemlich erschrocken...Ich wohnte eine Zeitlang in eurer Gegend. Des Öfteren ging ich an diesem Strandabschnitt zum Schwimmen, weil dort die Küste nicht ganz so steil abfällt. Den Baum benutzte ich jeweils als

Umkleidekabine. Eines Morgens kam ich zum Baum, zog meine Kleider aus, schlüpfte in meinen Badeanzug und ging schwimmen. Zurück unter dem Baum zog ich den nassen Badeanzug aus, trocknete mich ab. Als ich mein Haarband löste – damals trug ich noch lange Haare – sagte plötzlich eine Stimme: ›Was für ein schöner Morgenanblick, schöne Schwester – Shiva meint es heute besonders gut mir mit!‹

Ich traute meinen Augen nicht – da sitzt doch dieser alte Swami-Knacker vergnügt auf einem etwas erhöhten Ast, die Handflächen zum indischen Gruss aneinandergelegt. »Sei gegrüsst schöne Schwester«, fuhr er fort, ›ich wollte dich nicht erschrecken!‹

Natürlich bin ich ganz schön erschrocken, ich hatte unter dem Baum noch nie jemanden angetroffen, war ziemlich sorglos geworden, ich bemerkte zwar am Morgen Spuren im Sand, nahm aber an, dass vielleicht die Kinder der Fischer unter dem Baum gespielt hätten.

›Schöne Schwester, ich tue dir nichts, ich bin ein alter Mann,‹ beruhigte er mich, ›ich kann auch nichts dafür, dass du meine neue Wohnung als Umkleidekabine benutzt, ich wohne seit gestern hier!‹

Wir mussten beide lachen, das Eis war gebrochen – ich bin ja nicht prüde, nur etwas erschrocken – es gehört wohl zu seinen Eigenheiten, sich im Leben der anderen mit einem Schrecken anzumelden. Ich habe den Swami sehr gerne, auf seine Art ist er ein Genie. Seine Kunst zu leben, seine Art und Denkweise, wie er die Dinge analysiert, sie auseinandernimmt und wieder neu zusammensetzt ist genial«

»Auch ich mag den Swami sehr, mit ihm unter diesem Baum wohnen zu dürfen, ist ein Privileg. Ich lerne sehr viel von ihm. Ich wusste bis anhin gar nicht, dass man so denken kann, dass man die Dinge so sehen kann, dass man Zusammenhänge so zu interpretieren vermag. Ich fühle mich unter diesem Baum mit dem Swami wie zu Hause, es ist der schönste Platz, an dem ich je gewohnt habe und der Swami ist der weiseste Mensch, dem ich je begegnet bin. Dabei habe ich nie das Gefühl, er sei jetzt mein Guru, Schamane oder mein Swami, wir sind eher wie gute Freunde, es geht oft lustig und kumpelhaft zu und her Ein Gefühl sagt mir, dass ich mit dem Swami erst am Anfang stehe, dass da noch einiges passieren wird...«

»Ich denke, dein Gefühl, Eno, täuscht dich nicht. Wer den Swami kennt, geht durch eine Schule, ohne dass er es merkt!«

»Übrigens, Caterina, ich besuche heute den Swami am Vollmondfest, beim Shivatempel. Hast du Lust, mich zu begleiten?«

»Danke für die Einladung, Eno, leider habe ich heute keine Zeit, ich habe einige Dinge zu erledigen, zudem muss ich noch zu einer Krankenvisite, zu Dave, einem Bekannten der sein Bein gebrochen hat.«

»Der ist wohl nach Indien zum Skifahren gekommen«, scherzte ich.

»Nein, er ist in einen Schacht ohne Deckel gelatscht. Eigentlich aber ist er zu schnell durchs Leben gehetzt und gegangen, hat weder nach links noch nach rechts geschaut. Jetzt ist er gezwungen, mit zwei Krücken langsam zu gehen – wer nicht auf die innere Stimme hört, wird es früher oder später ausserhalb fühlen. Dave ist förmlich durchs Leben gerast. Auf der Strasse ging er dreimal schneller als alle anderen. Ich habe Dave beim Trecken in Nepal kennengelernt, wir waren in einer Sechsergruppe unterwegs. Dave ist über die Berge gehetzt wie ein Besessener...ohne wirklich zu schauen, ohne Rast und Ruh, unfähig wirklich zu geniessen – jetzt hat er die Chance, genau das zu lernen. – Jedes körperliche Leiden ist die indirekte oder direkte Ursache seelischen Leidens! – Ein anderes Beispiel, Eno, vor ein paar Jahren war ich Sängerin einer Londoner Popband. Unser Schlagzeuger wollte aussteigen, er hatte keine grosse Lust mehr, wollte etwas anderes machen. Aus Angst, niemanden zu enttäuschen, um die Band nicht zu gefährden, getraute er sich nicht, diesen Schritt auch wirklich zu tun. So lebte er monatelang in einem Dauerkonflikt... Soll ich oder soll ich nicht? Schliesslich wurde er erlöst – er brach sich beim Skaten das Handgelenk. Letztlich sucht sich jeder seinen Unfall, seine Krankheit selber, das Unterbewusstsein sucht danach – jede Krankheit, jeder Unfall, resultiert letzten Endes aus einem psychischen Konflikt. Dieser psychische Konflikt ist die Ursache eines Gebrechens, einer Krankheit, eines Unfalles. Wenn die seelische Ursache gefunden ist, schreitet auch die Genesung, die Heilung voran.

Wer fähig ist, den psychischen Konflikt frühzeitig zu erkennen, zu deuten und die richtige Entscheidung trifft baut weniger Unfälle und ist seltener krank.«

»Wieso muss der Mensch überhaupt leiden, Caterina?«

»Damit der Mensch aus seiner Krankheit im Leiden lernt. Oft machen erst Krankheit und Leid einsichtig. Buddha sagt: Leben ist Leiden. Damit hat er wohl nicht so unrecht.«

Nach dem zweiten Lassi verabschiedete sich Caterina. Ich bestellte mir noch einen Kaffee, den ich langsam, sinnierend über Leid und Krankheit, runterschlürfte.

Ich begab mich zur Busstation, auf welcher ein geschäftiges, emsiges Chaos herrschte. Die Busse fuhren hupend im Schritttempo, schwarze Dieselwolken hinter sich lassend, durch die Gepäckstücke schleppende, durcheinanderschreiende Menschenmenge. Da alle Busfahrpläne und Zeittafeln in Tamil-Schrift angeschrieben waren, dauerte es eine ganze Weile, bis ich den richtigen Bus fand. Dieser hatte den Motor schon angelassen. Aus den Radiolautsprechern dröhnte in voller Lautstärke, rasender, ohrenbetäubender Bollywood-Sound. Ich ergatterte einen der letzten freien Plätze im hinteren Teil des Buses, der kurz darauf anfuhr, sich nonstop hupend langsam eine Gasse durch die Menschenmasse bahnte. Eingeklemmt zwischen zwei dicken Indern sass ich auf einer Dreierbank. Zum Glück stieg der am Fenster Sitzende nach einer halben Stunde aus, so dass ich nachrutschen konnte. Die schaukelnde Fahrt über hunderte von Schlaglöchern, zum Teil Schlagwannen, dauerte etwa zwei Stunden. Ziemlich durchgeschüttelt und halb seekrank erreichte ich schliesslich Tiruvannamali, am Fusse des Mt. Arunatschala. Der Shivatempel war nicht zu übersehen, von weitem schon erblickte man vier pyramidenförmige Türme, dreissig Meter hoch, in jeder Himmelsrichtung einer, die Eingangstore zum Tempelplatz.

In der riesigen Tempelanlage war das Vollmondfest schon in vollem Gange...Trommeln, Rasseln, Pauken und Tablas, Dudelflöten, Pfeifen und Hörner vermischten sich zu einem unglaublichen Sound. Fliegende Händler boten alle erdenklichen Speisen, Snacks, Süssigkeiten, Spielzeug und Blumengirlanden an...Bettler, Mönche, Swamis, Sadhus und ein paar tausend Pilger aus ganz Indien – über allem schwebte ein Duft von hundert Sorten Räucherstäbchen,

Gewürzen, Weihrauch und Parfüms. Ich setzte mich auf einen Mauervorsprung, kaufte mir bei einem fliegenden Händler einen Chai, schaute dem bunten Wahnsinnstreiben eine Weile zu – es war pulsierende, vibrierende indische Ekstase pur!

 Alsdann machte ich mich auf, liess mich vom Pilgerstrom in Richtung des Süd-Portals treiben. »Bei der linken Säule«, hatte er gesagt...dann erblickte ich ihn auch schon. Ein paar Meter links davon, vor einer grossen Säule, sass mein Swami im Lotossitsz auf einer Bastmatte, vor sich eine Bettelschale. Es war höchst ungewöhnlich, ihn, bekleidet mit nur einem Stringtanga, in dieser Umgebung, in diesem Tumult zu sehen. Aus einiger Entfernung schaute ich ihm einen Moment lang zu, es wurde mir bewusst, wie nahe er mir stand, wie sehr ich ihn in mein Herz geschlossen hatte.
»Hey, hallo, old Swami«, begrüsste ich ihn, »darf ich mich zu dir setzen?«

»Grüss dich, Eno, da bist du ja! Zier dich nicht, wenn es dir nichts ausmacht, neben einem Bettler zu sitzen. Am besten setzt du dich links neben mich.

»Es ist eine Ehre, neben dir zu sitzen Swami, für mich bist du alles andere als ein Bettler, für mich ist es ein Privileg, dich zu kennen. Übrigens, Caterina lässt dich grüssen, wir sind uns im "Les Amis" begegnet. Zudem habe ich meinen Eltern in die Schweiz telefoniert. Dort liegen zwanzig Zentimeter Schnee, das Quecksilber zeigt minus fünf Grad – da würdest du mit deinem Stringtanga alt aussehen!«

»Brrr...«, schauderte der Swami, »wenn ich nur schon daran denke, bekomme ich eine Gänsehaut.«

Natürlich erzählte ich auch dem Swami, was sich am Morgen vor unserer Haustür ereignet hatte.

»Eno, ich lebe seit dreissig Jahren in Indien, ich habe hier Dinge erlebt und Sachen gesehen, im Positiven und Negativen für die es keine Worte oder Vorstellung gibt. Indien ist ein unendlicher Kosmos für sich. Ich frage mich jeden Tag wie dieser Kosmos funktioniert. Es gibt Momente, da denke ich, ich hab den Code geknackt. Im nächsten Moment wird mir bewusst, dass ich überhaupt nichts begriffen habe. Vielleicht bin ich deshalb seit dreissig Jahren hier – Weil ich versuche den Indischen Code zu knacken!

Die Bettelschale war gut gefüllt, der Swami bedankte sich beim jeweiligen Spender, indem er die Handflächen auf Brusthöhe aneinanderlegte und »Shiva segnet dich« sagte.

Es gab auch Pilger, die etwas mehr spendeten, den Swami um einen Rat ersuchten, sich einen speziellen Segen erbaten. Unter all den Sadhus, Gurus, Swamis und Bettelmönchen war der Swami eine Art Star – einen weissen Swami aus dem Westen hatten die Inder noch nie gesehen! Sein Rat, sein Segen schien sehr begehrt zu sein. Zeitweise stand eine ganze Traube Menschen um uns herum. Wenn es dem Swami zu viel wurde, scheuchte er die ganze Bande wie eine Schar lästiger Fliegen mit einer Handbewegung einfach weg.

Ein sehr dicker, pausbäckiger Mann, der an jedem Finger einen Riesenklunker trug, dazu gut gekleidet war, kauerte sich zu uns, legte einen 20-Rupien-Schein in die Bettelschale.

»Heiliger Yogi, sei gegrüsst! Ich habe eine Frage – wie sieht meine Zukunft aus, wie werden meine Geschäfte laufen?«

Der Swami blickte, wie eben nur er es konnte, dem Mann lange und tief in die Augen.

»Zähle mir alles auf, was du heute gegessen hast, dort liegt ein Teil der Wahrheit über deine Zukunft«, forderte er ihn auf.

Der Mann zählte getreu alles auf, was er zum Morgen-, Mittag-, Abendessen und zwischendurch alles gegessen hatte. Es schien als wolle er gar nicht mehr aufhören mit dem Aufzählen. Eine Riesenmenge kam zusammen, an der ich bestimmt zwei bis drei Tage essen würde...!

»Das habe ich mir gedacht, das habe ich vermutet«, sagte der Swami ernst. »Ich kann dir eines mit Gewissheit versichern, wenn du weiterhin so viel frisst, alles in dich reinstopfst, sieht deine Zukunft so aus, dass du bald keine mehr haben wirst! Dein Herz ist verfettet, der Blutdruck viel zu hoch. Du wirst früh sterben – an einem Herzinfarkt, dann erübrigen sich auch die Geschäfte. Ich gebe dir einen guten Rat, friss zwei Drittel weniger, mach jeden Tag eine halbe Stunde Yoga, dann wirst du flexibel und beweglicher, nicht nur körperlich, auch im Geschäft – Shiva segne dich!«

»Ich danke dir, heiliger Yogi, ich werde deinen Rat befolgen – mögest du lange leben«, erwiderte der dicke Mann, erhob sich ächzend und entfernte sich.

Ich war sprachlos – das war ziemlich direkt, nicht gerade diplomatisch...

Bevor ich etwas zu sagen vermochte, kam eine verstört wirkende, schwangere, leicht hinkende Frau mit einem geschwollenen Auge zu uns. Sie legte fünf Rupien in die Schale.

»Heiliger Swami, ich bitte dich um einen Segen für mein ungeborenes Kind – möge es gesund zur Welt kommen,« sagte sie.

»Du schöne Tochter von Parvati«, sprach der Swami, »bevor ich dein Kind und dich segne, möchte ich zuerst noch deinen Mann sehen. Wo ist er?«

»Er wartet dort hinten beim *Sugarcanstand*«, antwortete die Frau etwas unsicher.

»Hole ihn!«, befahl der Swami.

Die Frau begab sich zu ihrem Mann. Von weitem sah es aus, als wolle er nicht so recht mitkommen...schliesslich kamen sie doch zu zweit.

»Schau mir in die Augen«, forderte der Swami den Mann auf. »Wieso hinkt deine Frau? Wo kommt das blaue Auge her?«, fragte er barsch.

«Meine Frau ist vor zwei Tagen unglücklich gestolpert, die Treppe hinuntergestürzt, dabei hat sie sich verletzt«, antwortete ihr Mann.

»Stimmt das?«, fragte der Swami die Frau. Diese senkte verlegen den Blick, gab keine Antwort...»Da deine Frau nicht antwortet, nehme ich an, dass du lügst, mir die Unwahrheit erzählt hast«, sagte der Swami scharf. »Ich kenne die wahre Geschichte, hör gut zu! Du hast deine Frau geschlagen und, absichtlich die Treppe hinuntergestossen – hab ich nicht recht?«

Beide hielten den Blick gesenkt, sagten nichts...man konnte sichtlich sehen, dass sie sich höchst unbehaglich fühlten.

»Du wolltest, dass deine Frau euer Kind verliert – weil es eine unerwünschte Tochter ist. Ihr habt einen Ultraschalltest machen lassen – das Kind im Leibe deiner Frau ist ein Mädchen, ist es nicht so?! Du hast deine wunderschöne Frau verletzt, deine ungeborene süsse

Tochter schwer gefährdet – du bist ein Hurensohn, ein Mörder!«

Der Mann sah absolut kläglich aus, die Frau zitterte leicht.

»Wenn die Frucht im Leibe deiner Frau ein Sohn wäre«, fuhr der Swami fort, »würdest du beide auf Händen tragen – weil es aber eine unerwünschte Tochter ist, müssen es beide büssen – du hast dir ein verdammt schlechtes Karma aufgeladen! – Dies kannst du nur einigermassen ausgleichen, indem du Reue zeigst, in Zukunft deine Frau und deine Tochter liebst und gut behandelst. Eine Frau ist gleich viel wert wie ein Mann, eine Tochter ist gleich viel wert wie ein Sohn! Hast du mich verstanden? Wenn mir zu Ohren kommt, dass du deine Frau und deine Tochter nicht gut behandelst, erschlage ich dich höchst persönlich wie einen räudigen Hund. – Ich segne deine Frau und deine kleine süsse Tochter! Bei allen Göttern möge sie gesund zur Welt kommen! Bevor ich dich segnen kann, kommst du hier in einem Jahr noch einmal vorbei und zeigst mir dein Herz – und nun geht!«

Mir war ganz mulmig zu Mute, die ganze Szene fuhr mir heftig ein...so feurig und knallhart hatte ich den Swami noch nie erlebt. Seine Gesten, sein Blick, seine Mimik, die eindringliche, überzeugende Stimme – er verkörperte die absolute Autorität! Einen Moment lang hatte ich ein bisschen Angst um ihn...der Typ von vorhin schien ziemlich kräftig, er hätte den Swami bestimmt mit einem Hieb k.o. schlagen können! Doch das, was der Swami sagte – vor allem wie er es sagte, war so direkt, entwaffnend und wahr, dass man nur noch leer schlucken konnte.

»Wow, Swami...Das war starker Tabak! Meinst du nicht, das war ein bisschen zu viel des Guten? Der Typ hatte ziemliche Muckies drauf, einen Moment lang dachte ich, jetzt haut er dir gleich eine runter.«

»Nein, wo denkst du hin! Das war eben nicht zu viel des Guten – vor solchen Kreaturen habe ich keine Angst. Zudem könnte er es sich nicht leisten, einen alten, heiligen Swami zu schlagen. Das gäbe hier ein riesiges Aufsehen, einen enormen Tumult. Nein, nein, mein Freund, das war eben nicht zu viel des Guten – meinst du, ich kann diesem Hund sagen: ›Lieber Babu, tu so etwas nie wieder!‹ Wo käme ich da hin! Meine Lektion vergisst der nie mehr! Das ist dem eingefahren bis aufs Mark! Ich sehe den Kerl nur einmal im Leben, ein paar Minuten lang – da kann ich nicht gross Therapie machen, da muss ich knallhart durchgreifen, ihm die Hölle heiss machen, sonst habe ich keine Chance!«

In der Regel war der Swami freundlich und gütig. In seinen Reden und Unterweisungen schwang stets ein humorvoller, sarkastischer Unterton mit – so war eben seine Art! Die Leute schienen das zu mögen. Jeder bekam von ihm, was ihm gebührte. Mit zielsicherer Genauigkeit pickte er jene Elemente heraus, die einen Holzhammer brauchten.

Wir wurden auch ab und zu fotografiert, der Swami grüsste dann immer auf indische Art, schaute artig oder auch grimmig, das hing ganz vom Fotografierenden ab. Ein reicher Inder, der meinte, er sei etwas ganz Besonderes – so ein richtig arrogantes Arschloch mit dunkler Sonnenbrille – wollte sich fürs Foto sogar zwischen den Swami und mich platzieren. Der Swami setzte seinen Superblick auf und sagte: »Wenn ich meinen Hintern für dich bewegen soll, mein Freund, so kostet dich das hundert Rupien.«

Ohne eine Miene zu verziehen, entnahm der Typ seiner Brusttasche einen dicken Packen Geldscheine, gab dem Swami einen Hunderter. Dieser rückte einen Meter zur Seite, worauf dieser Typ sich in unsere Mitte setzte. Seine Frau fotografierte uns drei – mir war das Ganze ziemlich peinlich.

»Where do you come from?«, fragte er.

»Für dich mein Freund, kostet jede Frage hundert Rupien.«

Abermals zückte dieser Typ ohne eine Miene zu verziehen einen Hunderter.

»I am originally from Germany«, antwortete der Swami gereizt, »willst du noch etwas wissen?«

Der Typ verneinte, erhob sich, sagte: »Thank you«, und schlenderte mit seiner Frau von dannen...

Wir schauten uns einen Moment lang schräg an, schüttelten die Köpfe und rückten wieder zusammen – was es nicht alles gab! – Es gibt in jedem Land und in jeder Kultur arrogante Leute, aber ein arroganter Inder ist nicht zu überbieten!

In ruhigeren Momenten leerte der Swami die Bettelschale, trennte das Papiergeld von den Münzen, verstaute beides in seinem Beutel.

Mittlerweile dämmerte es. Bunte Glühbirnen, Fackeln, Kerzen und Lämpchen lösten das Tageslicht ab. Vom Tempelinneren ertönten nun Pauken und Trommeln.

»Hey Swami, ich denke, ich gehe mal ein bisschen auf Sightseeingtour, versuche in Tempel reinzukommen – mal sehen, was da los ist.«

Rechts vom Tempeleingang befand sich ein riesiges Portal, wo jeder Besucher seine Schuhe ausziehen und deponieren musste. Auf der linken Seite des Portals hinterlegten die betuchten Inder gegen eine Gebühr ihre teuren Schuhe. Die rechte Seite, wo keine Gebühr erhoben wurde, war für die Plastikslippers der Ärmeren reserviert. Es standen ein paar tausend Plastikslippers da. Achtzig Prozent davon waren in Blau, wie die Meinen – wie da wohl jeder wieder seine Slippers fand? Ich versuchte, mir die Meinigen anhand einer kleinen eingerissenen Stelle am linken Trägerriemchen zu merken.

Barfuss begab ich mich nun zum Haupteingang, wo ich als Eintritt von einem Tempelschüler für zwanzig Rupien eine mit Blumen gefüllte halbe Kokosnussschale kaufte.

Ich reihte mich in die Menschenschlange, die sich langsam tempeleinwärts bewegte. Von einem anderen Tempelschüler bekam ich einen weissen Punkt auf meine Stirn getupft, ein weiterer zündete einen Paraffinwürfel an, diesen legte er brennend in meine Kokosschalenhälfte. Langsam bewegte sich unser Zug vorwärts, vorbei an Fresken, Säulen und Schreinen Richtung Tempelzentrum, wo eine drei Meter hohe, goldene Shivastatue im Lotossitz auf einem Steinsockel thronte, im Schoss in den Händen eine Schale mit Feuer haltend. Die Omgesänge und Trommeln ertönten immer lauter, immer ekstatischer, erzeugten eine alles durchdringende Vibration, auch ich sang mit voller Inbrunst Om. Die goldene Shivastatue strahlte, leuchtete im Schein von tausend Paraffinwürfeln und Kerzen, die auf und um den Sockel abgelegt wurden. Auch ich legte die Blumen mit dem brennenden Paraffinwürfel zu Shivas Füssen, machte das indische Grusszeichen und entfernte mich Richtung Ausgang. Zu guter Letzt schmiss ich meine leere Kokosschalenhälfte, den Indern nachahmend, gegen einen steinernen Shivalingam, wo diese in mehrere Teile zerbarst – soll Glück bringen. Die Puja-Zeremonie war beendet – wenn ich da an meine steife Konfirmation zurückdachte...

Ich fand tatsächlich meine Plastikslippers wieder! Noch etwas durchs Festgelände schlendernd, blieb ich hie und da stehen, schaute da und dort zu. Auf einer Treppe sah ich einen alten indischen Sadhu sitzen, dessen Bart ein einziger zwei Meter langer, taudicker Dreadlock war, zweimal um den Leib geschlungen. Der Alte winkte mich zu sich.

»Hallo, Reisender aus dem Westen, sei grüsst!«, sagte er. »Ich bin der beste Handlinienleser in ganz Indien – eine kleine Kostprobe gefällig? Ich sage dir, wie viele Geschwister du hast.«

»Wenn du das herausfindest«, dachte ich, »dann bist du nicht schlecht, ich bin nämlich ein Einzelkind.«

Ich setzte mich neben den alten Sadhu auf die Treppe und hielt ihm meine Rechte hin. Sanft nahm er meine Hand, legte sie in die Seinige. Er befühlte sie eingehend, streichelte sie liebevoll, studierte sie sorgfältig.

»Du bist der einzige Sohn deiner Eltern«, sagte er nach einer Weile, »du hast keine Geschwister.«

»Alle Achtung, alter Swami, du verstehst deine Kunst! Ich habe tatsächlich keine Geschwister.«

»Siehst du, junger Freund, ich habe nicht zu viel versprochen. Gegen eine kleine Spende zeige ich mich sehr erkenntlich, Du wirst es nicht bereuen.«

»Okay, Baba, du hast mich überzeugt. Hier sind hundert Rupien – zeig mir, was du sonst noch so alles drauf hast!«

«Junger Herr, du bist sehr grosszügig – Shiva sei mit dir! Ich werde mein Bestes geben.«

Noch einmal studierte der Alte eingehend meine Hand.

»Junger Freund«, fuhr er fort, »du stehst unter einem seltenen Stern. Du bist schon viele Inkarnationen alt, warst schon oft auf dieser Welt! Dein Lebensweg, dein Schicksal, wird nicht einfach sein, dafür erkenntnisreich – im Alter wirst du ein weiser Mann sein. Deine Berufung ist eine aussergewöhnliche! Zurzeit befindest du dich in einem intensiven Umwandlungsprozess, in einer schicksalhaften Lebensphase, welche entscheidend ist für deine Berufung. Der Erfolg kommt jedoch erst im letzten Drittel deines Lebens. Die Liebe deines Lebens wartet auf dich. Du wirst sie jedoch erst erkennen, wenn du deine Berufung gefunden hast.

Zu deiner Mutter hast du ein sehr gutes Verhältnis, zu deinem Vater ein sehr distanziertes. Ist es nicht so?«

»Es ist so, alter Swami!«

Der Alte liess meine Hand los und segnete mich, indem er mir mit dem Endstück seines Dreadlockbartes übers Haupt strich – ich musste lachen...

»Na, wie war`s?«, fragte der Swami, als ich wieder zurück bei ihm war.

»Voll abgefahren, Mann, coole Party! Gerade vorhin traf ich einen Handlinienleser, einer mit einem zwei Meter langen Dreadlockbart. Er hat mir aus der Hand gelesen. Unter anderem hat er herausgefunden, dass ich ein Einzelkind bin – das hat mich schon beeindruckt!«

»Ah ja? Das freut mich, Eno, dass du den getroffen hast. Es gibt nur einen mit so einem Bart – Swami Mahananda Rishi. Ein weiser Mann, einer der besten Handlinienleser in Indien.«

»Die Tempelzeremonie war sehr schön, Swami. Die Christen würden das wohl als Götzenverehrung bezeichnen, wie bei Moses und dem goldenen Kalb – aber Shiva ist eben kein Kalb! Shiva ist der Gott der Zerstörung und der Erneuerung in Einem – Die Zerstörung des Alten, das dem Neuen Platz macht! Ich finde, der Shiva hat genauso seine Daseinsberechtigung wie eine Buddhastatue oder eine Heilandfigur am Kreuz.«

»Da gebe ich dir völlig Recht, Eno, Shiva ist der eigentliche Urschamane, er ist viel älter als der Hinduismus, ihn gab es schon, als es noch gar keine Religionen gab. Er wurde erst viel später in den Hinduismus integriert – man konnte ja den Leuten nicht einfach ihren Shiva wegnehmen! Die Inquisi-tion ist da weniger zimperlich vorgegangen, unsere Druiden und Schamanen wurden umgebracht, ihre "heidnischen" Symbole hat man zerstört – mit dem Resultat, dass wir heute keine Magie und Ekstase zulassen, geschweige denn Visionen haben – anstatt erzeugen wir künstliche Televisionen, die unseren Geist verkümmern und abstumpfen lassen.

Jesus, übrigens war ein Weiser und Erleuchteter«, fuhr der Swami fort, »einer, der den Spiegel der Wahrheit gesucht und zusammengesetzt hat. Hast du gewusst, Eno, Jesus hat jahrelang in Indien gelebt. In seiner Biografie fehlt ein Stück, wo man nicht so genau weiss, wo er sich aufgehalten und was er gemacht hat. Die Bibel sagt, er sei für ein paar Jahre zu seinem Vater in den Himmel zurückgekehrt, um zu lernen. Das ist natürlich Nonsens! Das kann nicht einmal Jesus, letzten Endes war auch er nur ein Mensch aus Fleisch und Blut, wenn auch ein Erleuchteter. Jesus ist die uralte Seidenstrasse von Judäa nach Indien gepilgert. Vermutlich hat er als Mönch in einen Krishnatempel gelebt und wurde dort erleuchtet – Der Name Christus ist vermutlich abgeleitet von Krishna. Nach einigen Jahren ist er wieder nach Hause zurückgekehrt und hat seine Lehre, das was er gelernt hatte, verkündet und gepredigt. Er war der erste Guru im Westen, und zugleich der Erfolgreichste! – Guru bedeutet spiritueller Meister.

Und jetzt, Eno, halt dich fest! Wir setzen uns in eine Zeitmaschine und fliegen zurück ins Jahr 33 n. Chr., auf den Berg Golgatha... Der weise, erleuchtete Guru Jesus, der die Lehre der Liebe, das Gesetz des Karma verkündet, wird von den jüdischen Pharisäern, die ihre Macht, ihren polarisierenden, "auf ewig Hölle oder Himmel"-Glauben in Gefahr sahen, an die Römer, die Besatzer in Judäa, denunziert und auf dem Berg Golgatha von römischen Soldaten verhaftet, danach ans Kreuz geschlagen.

Heute wird in der gesamten christlichen Welt das Kreuz als christliches Symbol verwendet, dabei hatte Jesus gar nichts mit dem Kreuz zu tun. Jesus verwendete als Symbol zwei Fische. Das christliche Symbol stellten fünfhundert Jahre lang zwei Fische dar. Die Urchristen verwenden dieses Symbol noch heute. Erst die Katholiken, die sich von Urchristen abspalteten, führten das Kreuz als christliches Symbol ein. Wenn sie Jesus gehängt hätten, würden wir heute wohl einen Galgen als Symbol haben...Die Katholiken verdrehten, zensierten und manipulierten die ursprüngliche Lehre Christi komplett. Sie übernahmen von den Juden das duale Himmel-Hölle Denken und verwendeten den Gekreuzigten als Mahnsymbol: Sucht ja nicht selber den Spiegel der Wahrheit – sonst ergeht es euch wie Jesus! Esst ja nicht vom Baum der Erkenntnis, sonst werdet ihr aus dem Paradies gewiesen!

So ein Schwachsinn – was verdammt noch mal ist falsch an Erkenntnis?!

Ich kann dir sagen, Eno, es war genau umgekehrt, als wie es in der Bibel steht. Der grosse Geist hat nämlich gesagt: Esst vom Baum der Erkenntnis, so kommt ihr ins Paradies, fürchtet euch nicht vor der Schlange. Evas Apfel war nicht einfach so ein Obstapfel von irgendeinem Apfelbaum. Evas Apfel steht für die psychoaktiven Schamanenpflanzen die uns Erkenntnis und Wissen vermitteln, mit deren Hilfe wir ins Paradies schauen können!

Das Kreuz, Eno, ist eines der destruktivsten und blutigsten Symbole überhaupt...Es klebt am Kreuz das Blut von Millionen Menschen – sogar das Blut vom Heiland! Das Kreuz hat dieselbe Form wie das Schwert, das Schwert dieselbe Form wie das Kreuz.

Stell dir vor, auf den Kreuzzügen schritten vorne die Priester mit dem Kreuz in der Hand, dahinter metzelten die Kreuzritter mit dem Schwert, demselben Symbol, alles kurz und klein. Im Gegensatz zum Kreuz, wirkt der Energiefluss eines Kreises harmonisch, rund und unendlich. Der Energiefluss eines Kreuzes ist eckig und kantig, er prallt in der Mitte am Kreuzpunkt aufeinander, es kommt zu einer Stauung, einem Knoten, der Fluss der kosmischen Energie ist gestört, ähnlich einer Strassenkreuzung, beim Kreisverkehr ist immer alles im Fluss.

Wenn all die Kreuze aus den Kirchen verschwunden und durch Kreise ersetzt worden sind, wenn all die Sicheln des Halbmondes in den Moscheen gegen einen Vollmond ausgetauscht worden sind, bessert es sich auf Erden. Wenn wir den Kreis verehren und die Kugel, statt Kreuz und Sichel, hat in uns eine Wandlung stattgefunden – wir sind uns des Kreislaufs, der Inkarnationen, der Ewigkeit wirklich bewusst geworden.«

»Wow, Swami! Wie du das alles zusammenkomponierst ist einfach genial!«

»Das, Eno, ist eben die Kunst, die Spiegelscherben zu suchen und den Spiegel der Wahrheit wieder richtig zusammenzusetzen.«

Die letzten zehn Minuten, während denen Swami mit mir sprach, war kein einziger Pilger zu uns gekommen, die Inder schienen zu spüren, dass ich gerade eine Speziallektion bekam.

Eine zwanzigköpfige Reisegruppe aus Japan belagerte und fotografierte uns. Wir hoben beide die Hände zum indischen Gruss, der Swami grinste verschmitzt, ich lächelte cool. Die Kameras surrten und klickten, die Blitzlichter flackerten.

Ich dachte: »Sollen doch die Japaner ihre Fotos machen.«

Der Swami hielt die Bettelschale hoch und rief: »Honda, Suzuki, Kawasaki, Yamaha! Ihr Leute vom Reich der aufgehenden Sonne, ich liebe eure tollen Erfindungen und euren emsigen Bienenfleiss.«

Die Japaner grinsten höflich, machten noch mehr Fotos, spendeten eifrig Rupees.

»Whel do you come flom?«, wollten sie wissen. Als der Swami sagte: »Flom Gelmani«, machten alle ganz erstaunt »Oh« und »Ah«, bekamen den Mund fast nicht mehr zu.

Ein westlicher Tourist, einer dieser Fotografenfreaks, machte mehrere Aufnahmen vom Swami und spendete danach gerade mal zwei Rupien!

»Du geiziger Fotomaniak!«, rief der Swami laut, einige Inder guckten verwundert. »Lumpige zwei Rupien für einen berühmten Swami! - Dass du dich nicht schämst! Ich hoffe, du hast den Film verkehrt drin, du Geizhals! Du bist einer dieser Fotojunkies, immer auf der Suche nach dem nächsten Schuss. Hoffentlich klauen sie dir bald die Kamera!«, schrie der Swami mit fuchtelnden Armen...der Typ sah zu, dass er wegkam.

Der Swami hatte aber auch eine andere Seite: Ein uraltes, runzliges Mütterchen mit unendlich traurigen Augen, das wohl nicht mehr sehr lange zu leben hatte, bettelarm an einem Stock gehend, kam langsam daher. Es wollte sich mühsam zu uns hinunterkauern, doch der Swami stand auf, umarmte das alte Mütterchen, strich ihr dabei sanft übers graue Haar, eine ganze Weile lang. Eine grosse Träne kullerte aus einem ihrer traurigen Augen.

Ich war gerührt - diese Szene bedurfte keiner Worte...

Mittlerweile war es gegen elf Uhr nachts geworden. Ich stand vor der Wahl, die Nacht durchzumachen, mit dem Swami den ersten Frühbus zurück zu nehmen oder demnächst allein mit dem letzten Nachtbus nach Hause zu fahren. Es war ein langer und ereignisreicher Tag gewesen. Ich sehnte mich nach Schlaf, nach der Ruhe unseres Baumes. So beschloss ich, langsam aufzubrechen. Der Swami gab mir all seine Münzen mit, welche bestimmt ein Kilo wogen.

»Damit ich morgen nicht so schwer zu tragen habe, es kommen bestimmt noch einmal so viele zusammen«.

Mit Mühe und Not ergatterte ich einen Sitzplatz in einem alten, rostigen, fensterglaslosen Dieselbus, welcher heulend durch die Nacht bretterte. Die Saris, Tücher, Decken und Lungis flatterten im Fahrtwind des Durchzugs. Beim Schalten vibrierte, rumorte, ächzte und stöhnte der ganze Bus. Mein schlafender Nachbar schmiegte seinen Kopf an meine Schulter. Bei jedem Schlagloch rutschte er etwas mehr zu mir. Meine höfliche Bitte um Rücksichtnahme nützte nicht viel, er schlief bald darauf wieder ein, verwechselte erneut meine Schulter mit seinem Ruhekissen. Nach einer Weile hatte ich genug, wurde der Sache überdrüssig... beim nächsten grossen Schlagloch half ich etwas nach, verpasste dem Typen mit der Schulter einen halben Kinnhaken – fortan hatte ich meine Ruhe. Dafür schmiegte sich dieser anhängliche Kerl nun an den anderen Nachbarn, der am Fensterplatz sass – dieser Mischung aus rücksichtsloser Selbstverständlichkeit und Ignoranz begegnet man in Indien des Öfteren. Ich war froh, als der Bus endlich in Pondicherry ankam, wir in den Busbahnhof einfuhren. Die restlichen fünf Kilometer bis zu unserem Weiler legte ich mit einer Motorrikscha zurück.

Es war gegen zwei Uhr nachts, der Weiler war dunkel, menschenleer. Die Shops und Foodstalls waren alle geschlossen und verbrettert, nur ein paar Hunde streunten herum. So ein streunendes, hungriges, Hunderudel war nicht ungefährlich. Am Tag geschlagen und getreten, konnten sie in der Nacht einem einzelnen Menschen durchaus sehr gefährlich werden.

Unbehelligt gelangte ich zum Baum, wo ich alles unberührt vorfand – wie schön, wieder daheim zu sein! Ich verbuddelte notdürftig das Kilo Münzen, putzte die Zähne, daraufhin rollte ich mich in meine Decke. Es war das erste Mal, dass ich alleine unter dem Baum schlief. Ich war jetzt etwa drei Wochen hier – was hatte ich nicht schon alles erlebt! Im Moment zog mich nichts hier weg, ich fühlte mich geborgen und zu Hause, vielleicht mehr als je woanders zuvor. Vom

Baum beschützt, von der Kobra bewacht, schlief ich selig ein.

Am anderen Morgen, nach einem Bad im Meer, gefolgt von der obligaten Süsswasserdusche, holte ich mir bei Amukaram eine Riesenportion Idlis mit Kaffee. Friedlich essend und kaffeeschlürfend genoss ich die Morgenstimmung unter dem Baum. Ich war mega gut drauf. Fühlte mich ausgeglichen, heiter und beschwingt, auf eine schöne Art mit allem verbunden, als ein Teil des Ganzen.

Am späteren Morgen kam der Swami vom Vollmondfest zurück. Dafür, dass er die ganze Nacht durchgemacht, zwei Stunden holprige Busfahrt hinter sich hatte und zweiundachtzig Lenze zählte, wirkte er erstaunlich frisch und munter.

»Was bin ich froh, wieder daheim zu sein«, stöhnte er, »diese Ruhe, der Anblick des Meeres – ich habe genug vom Vollmondfest für einen Monat.«

Wir sassen noch eine Weile beisammen, alsdann legte sich der Swami wohlverdient schlafen. Ich schmökerte noch ein wenig in den beiden Büchern die ich am Tag zuvor gekauft hatte.

Danach wusch ich bei der Wasserpumpe ein paar Klamotten. Gerade als ich fertig war, kam Shanti mit einem vollen Wäschekorb vorbei. Bei ihrem Anblick schmolz ich wie immer dahin – sie sah einfach absolut süss und bezaubernd aus!

»Hello, Miss, how are you today?«, grüsste ich.

»Very good, thank you«, entgegnete sie.

Ich erkundigte mich nach dem Befinden ihrer Familie, fragte sie ein paar allgemeine Dinge. Sie verstand und sprach besser Englisch als ich gedacht hatte.

»Du sprichst sehr gut Englisch«, bemerkte ich, »besser als die meisten Männer vom Weiler.«

Sie erzählte, dass sie vier Jahre lang die Schule besucht, dort ein wenig Englisch gelernt hatte.

»Es war schön, dich zu sehen und mit dir zu sprechen – ich wünsche dir einen schönen Tag«, sagte ich zum Abschied.

»Thank you, you are very nice«, erwiderte sie – ich fühlte mich wie im siebten Himmel...Dieses kurze Gespräch, dieser Hauch von Flirt, mit dieser schönen Frau aus einer anderen, mir so fremden Kultur, war geheimnisvoller und bezaubernder als jeder heisse Flirt in einer Zürcher Bar!

Meine nassen Wäschestücke hängte ich zum Trocknen einfach aussen am Baum auf die Äste. An der indischen Sonne trockneten diese leichten Baumwollsachen in einer Stunde.

Der Swami war immer noch am Schlafen, ich begab mich derweil zu Amukarams Foodstall wo ich ein Indian-Thali genoss. Amukaram plagten heute Zahnschmerzen, demzufolge sah er etwas mitgenommen aus und war etwas weniger gut drauf. Den Zahn wollte er am nächsten Tag ziehen lassen. Ich versprach, ihm am Abend eine Schmerztablette für die Nacht mitzubringen.

Zurück beim Baum, war der Swami in der Zwischenzeit aufgestanden. Er war dabei, seine Einnahmen vom Tempelfest zu sortieren und zu zählen. 2500 Rupien hatte er eingenommen. Ein grosser Teil des Geldes bestand aus Einer-, Zweier- und Fünfer-Scheinen, die allesamt ziemlich zerfleddert und zerschlissen waren. Viele der Pilger spendeten ihre alten, kaputten Scheine, die sie selber nirgends mehr los wurden – In Indien sind eine Menge total vergammelter

Banknoten im Umlauf, vor allem die kleinen Scheine sind oft defekt und zerschlissen. Man muss immer auf der Hut sein, solche nicht angedreht zu bekommen, weil man sie selber nur schwer wieder loswird. Sie auf einer Bank gegen "Neue" umzutauschen ist nicht so einfach, ein Riesenprozedere, das einen halben Tag dauern kann. Und oft sehen die neuen Scheine nicht viel besser aus als die Alten.

Die Arbeit bestand nun darin, mit transparentem Scotch-Klebeband diese alten Scheine zusammenzuflicken. Manche wurden buchstäblich nur noch vom eigenen Dreck zusammengehalten. Da der Swami keinen Ausweis besass, konnte er sowieso auf keine Bank. So sammelte er die übelsten Exemplare und tauschte sie gelegentlich im Slum gegen eine Provision von zehn Prozent um.

Am Abend nach dem Essen sassen wir im Schein der Petroleumlampe noch etwas beisammen und plauderten.

»Was eigentlich ist der Sinn des Lebens? Wieso und warum sind wir alle hier?«, fragte ich den Swami.

»Der Sinn des Lebens ist, Erkenntnis und Bewusstsein zu erlangen, deswegen sind oder wären wir alle hier.«

»Wie erlange ich Bewusstsein und Erkenntnis Swami?«

»Indem du die Scherben des zerbrochenen Spiegels der Wahrheit suchst und wieder richtig zusammensetzt - mit jeder gefundenen Scherbe erweitert sich deine Erkenntnis und somit dein Bewusstsein. Du siehst immer klarer und deutlicher. Leider kümmern sich die wenigsten Menschen um ihr Bewusstsein, die meisten lassen es richtiggehend verkümmern, deswegen sind sie im Alter nicht weise, sondern senil. Die wenigsten Menschen fragen nach dem wirklichen Sinn des Lebens, die meisten beschäftigen sich mit allerlei Unsinn. Den Sinn des Lebens zu suchen, ist nicht einfach der Job der Philosophen – es ist unser aller Sinn, unser aller Aufgabe.«

»Bewusstsein, Swami, ist ein grosser Begriff, was genau beinhaltet er, wie kann man das Bewusstsein definieren?«

»Das Bewusstsein beinhaltet: Liebe, Toleranz, Ethik und Achtung, das Wissen um das Wieso und das Warum der Geburt, des Lebens und des Todes, das Wissen um den Kreislauf der Inkarnationen. Ein bewusster Mensch hat die Fähigkeit, hinter die Kulissen, unter die Oberfläche der der Dinge zu schauen. Er besitzt die Fähigkeit, mit dem grossen Geist und der Erbinformation seiner eigenen DNA zu kommunizieren.«

»Wie erlange ich Bewusstsein und Erkenntnis, Swami, was muss ich konkret dafür tun?«

»Es gibt Schamanen- und Yogatechniken, die das Bewusstsein erweitern. Es gibt auch ein paar gute Bücher die helfen können. Bei Büchern jedoch besteht die Gefahr, dass das Wissen nur theoretisch und intellektuell bleibt. Es fehlt die bewusste Schau, die bewusste Erfahrung. Es ist, als mache ich in der Autofahrschule nur die theoretische Prüfung. Ich weiss dann zwar über die Verkehrsregeln Bescheid, aber ich werde nie das Gefühl, das Erlebnis des Autofahrens haben. Es braucht für alles eine Technik, ein Vehikel. Um das Bewusstsein zu erweitern, die sogenannte Erleuchtung zu erlangen, braucht es Yogatechniken oder Schamanenvehikel.«

»Unter Yogatechniken kann ich mir etwas vorstellen, was meinst du genau mit Schamanenvehikel, Swami?«

Schamanenvehikel sind in der Regel psychoaktive Pflanzen oder Pilze, mit deren Hilfe wir ins Paradies schauen dürfen, dort bekommen wir einen Einblick wie die Dinge wirklich sind. Die universelle Wahrheit.

Am nächsten Morgen brach der Swami schon früh, die Morgenkühle ausnutzend, in die Stadt auf, um einige Dinge zu erledigen und einen alten Freund zu besuchen.

»Es kann spät nachts werden, bis ich zurück bin,« sagte er zum Abschied.

Ich döste noch ein wenig, badete im Meer, schaute einem Bussardpärchen zu, welches auf unsere Nachbarpalme gezogen war, um dort ein Nest zu bauen. Anscheinend störte es das Männchen, dass ich vor unserem Baum sass. Es attackierte mich mehrere Male, indem es im Sturzflug mit angewinkelten Flügeln auf mich zu flog, kurz über mir öffnete es die Flügel und flog einen halben Meter über meinen Kopf hinweg, einmal berührten die Krallen fast meine Stirn. Die Flügelspannweite mass bestimmt einen Meter zwanzig. Für Augenblicke begegneten sich unsere Blicke, waren wir Aug in Aug – Was für ein Prachtsvogel!

Zwischen unserem Baum und dem Wäldchen erstreckte sich eine etwa fünfzig auf fünfzig Meter grosse, ebene, sandige Fläche, in deren Mitte sich eine alte Feuerstelle befand. Fruchtsalat mampfend, dazu Kaffee schlürfend, beobachtete ich durch das Blätterwerk unseres Baumes einen Mann, der ein Fahrrad, schwer beladen mit Holz zur Feuerstelle schob. Das Fahrrad war unter dem vielen Holz kaum noch zu sehen. Nachdem er das Holz abgeladen und neben der Feuerstelle aufgeschichtet hatte, verschwand er wieder.

»Was der wohl vorhat?«, versuchte ich zu ergründen...Nach einer Weile kehrte der Mann erneut schwerbeladen zurück, lud Holz ab und verschwand wieder. Das Szenario wiederholte sich insgesamt vier Mal. Am Schluss lag mehr als ein Ster dickes, gutes Holz da. Der Mann hob nun mit einer Hacke die Feuerstelle ein wenig aus, belegte den Boden mit einer Lage mitteldicker Scheite, darüber legte er eine Lage Stroh. Ich hatte die Feuerstelle schon oft gesehen, sie war vom Monsun ausgewaschen, schien ziemlich unbenutzt. Zwei, drei Mal hatte ich dort etwas Kehricht verbrannt. Ich beschloss, den Mann zu fragen, was der Anlass für ein so grosses Feuer sei. Ich begab mich zu ihm. Höflich und respektvoll begrüssten wir uns auf indische Art. Leider sprach er kein Wort englisch. Aus seiner Sprache, seinen Gesten wurde ich nicht ganz schlau. Er ahmte immer wieder das Zeichen für Schlafen nach, indem er eine Hand an seine Kopfseite hielt und dabei die Augen schloss...zur Schlafenszeit in der Nacht musste irgendein Fest, ein Anlass stattfinden, interpretierte ich. Irgendwie wirkte der Typ etwas unheimlich und unnahbar. Um den hageren, kantigen Kopf mit Hakennase hatte er bis tief in die Stirn piratenmässig ein weisses Tuch gewickelt, unter dem ein Paar tiefe, stechende, dunkle Augen hervorschauten. Um die Hüfte trug er einen blauen Lungi, in welchem ein Dolch steckte. Der Oberkörper war unbekleidet. Die Arbeitsbewegungen des Mannes wirkten präzise und exakt – keine Bewegung zu viel, keine zu wenig, jedes Holzscheit hatte genau seinen Platz. Nach getaner Arbeit verabschiedete er sich. Aus seinen Gesten entnahm ich, dass er am Abend wieder zurückkommen würde.

Am späteren Nachmittag – ich war gerade ein bisschen am Dösen – wurde ich auf einmal durch Menschenstimmen, Singsang und Trommeln geweckt. Ich spähte aus dem Blätterwerk. In einiger Entfernung erblickte ich etwa zwei Dutzend Männer, die sich in einer Art Prozession der Feuerstelle näherten. Zuvorderst schritten vier Männer, die ein bahrenartiges, blumengeschmücktes Bambusgestell trugen. Bei der Feuerstelle angekommen, setzten sie das Gestell auf den Boden. Bei genauerem Hinschauen konnte ich in dem Gestell zwischen all den Blumen einen langen, weissen Stoffballen ausmachen...Langsam begriff ich – das Gestell war eine Bahre mit einem blumenbehängten Bambusaufbau. Auf der Bahre lag ein Toter, der in ein weisses Tuch gehüllt war. Dieser Tote sollte hier verbrannt werden.

Jetzt erblickte ich auch den Mann, der am Morgen das viele Holz angeschleppt hatte. Er beschäftigte sich erneut mit der Feuerstelle, einige Männer halfen ihm dabei. Ich nahm an, dass er der Feuerbestatter war. Die Trauergäste, alles Männer, standen oder sassen diskutierend in kleinen Gruppen herum. Mir war nicht ganz wohl in meiner Haut! Keine zwanzig Schritte weit weg von meinem friedlichen Baumzuhause bewegte sich eine Trauergemeinde von zwei Dutzend Personen, die ihren Toten verbrennen wollten – ausgerechnet heute war der Swami weg! Wie sollte ich mich angesichts dieser Situation verhalten? Sollte ich mich den Leuten zeigen oder war es angebrachter, unter dem Baum zu bleiben? Ein Grüppchen Trauernder sass sehr nahe beim Baum im Schatten. Die Gefahr war gross, dass sie mich entdeckten. Ich konnte ja nicht wissen, wie sie reagieren würden. Ich versuchte mir vorzustellen, wie ein halbnackter Inder mit Touristenvisum in der Schweiz auf einem Friedhof unter einem Baum wohnen würde – nicht auszudenken!

Der Leichnam wurde nun von vier Männern in die vorbereitete Mulde gelegt und mit dicken

Holzscheiten mehrlagig bedeckt – Die Kremationsvorbereitungen schienen jetzt abgeschlossen.

Gestikulierend sprach der Feuerbestatter mit einer Gruppe von Männern, darunter auch ein Polizist, dabei deutete er andauernd auf meinen Baum. Alle Männer schauten nun verwundert zum Baum.

»Oh weh, hoffentlich gibt's jetzt keine Schwierigkeiten!«

Der Feuerbestatter löste sich nun von der Gruppe und schritt langsam zum Baum. Ich atmete tief durch, versuchte mit den Händen meine wirren Haare ein wenig zu ordnen, versuchte einigermassen präsent zu wirken.

Da teilten sich beim Baumeingang auch schon die Zweige...Der Feuerbestatter stand vor mir, hob die Hände zum indischen Gruss, etwas verdattert tat ich ebenso. Er machte einladende Gesten, dass ich mit ihm kommen solle. Da ich nur gerade eine Shorts trug, streifte ich mir noch schnell ein Hemd über. Mit leicht befremdlichen Gefühlen folgte ich ihm schliesslich zur Kremationsstätte. Die Trauergemeinde staunte nicht schlecht, als sie ihren Feuerbestatter zusammen mit einem halbnackten Weissen, aus dem Baum hervortreten sah. Die Männer schienen aber keinesfalls missmutig, empört oder sonst irgendwie gegen mich zu sein. Ich grüsste alle Anwesenden kollektiv indem ich die Handflächen aneinanderlegte und als Zeichen meiner Anteilnahme für einen Moment die Augen schloss.

In gebührendem Abstand zum Scheiterhaufen setzte ich mich in die Nähe einer Männergruppe auf den Boden. Einer der Männer bot mir eine Zigarette an, lud mich ein, bei ihnen zu sitzen. Ich nahm das Angebot an und hockte mich in die Runde. Fast alle Männer steckten sich nun Zigaretten oder Bidis an. Gemütlich paffend sassen wir zusammen - ich war bei ihnen aufgenommen.

Die Neugier, das Erstaunen über meine Anwesenheit legte sich rasch, die Leute widmeten sich wieder ihrem Tun. Der Mann, der mich zum Rauchen eingeladen hatte sprach etwas englisch, er erklärte mir, dass der Tote ein alter Mann aus dem Nachbardorf gewesen sei.

Der Feuerbestatter verlangte nun seine Aufmerksamkeit. Er sprach ein kurzes Gebet und verfiel darauf in einen monotonen Singsang, während dessen der Sohn des Verstorbenen dreimal den Scheiterhaufen umrundete und dabei aus einem Tontopf Petroleum übers Holz sprenkelte. Darauf zündete er eine Fackel an, mit welcher er den Scheiterhaufen entfachte. Langsam züngelten die ersten Flammen, das Kremationsfeuer setzte sich in Brand.

Es war ein eigenartiges Gefühl, noch nie in meinem Leben hatte ich an einem Begräbnis oder einer Kremation teilgenommen. Und nun wohnte ich hier in Indien einer Hindu-Open-Air-Kremation eines mir unbekannten Menschen bei...Es war ein gewaltiger Unterschied zu unseren westlichen Hightech-Kremationsanlagen und steifen Begräbnissen – hier lief das Ganze schon fast lagerfeuermässig ab. Es fehlte die westliche Ordnung, Disziplin und Pietät. Die Trauergäste sassen oder standen alle diskutierend in Gruppen herum. Ich verstand zwar ihre Sprache nicht, hatte aber den Eindruck, dass sie eher über die Probleme des Lebens redeten als über den Tod. Natürlich wollten alle wissen, wo ich herstamme, was ich hier mache, wie ich heisse, welchen Beruf ich ausübe. Sogar mit dem Sohn des Verstorbenen hielt ich einen kurzen Smalltalk. Er war sichtlich stolz, dass ein Europäer seinem Vater die letzte Ehre erwies.

Auch mit dem Polizisten plauderte ich ein wenig. Es interessierte ihn, welche Farbe die Schweizer Polizeiuniformen haben. Er verlangte weder meinen Pass, noch wollte er das Touristenvisum sehen. Ich konnte beobachten, wie der Sohn des Verstorbenen mit dem Feuerbestatter um die Bestattungskosten feilschte, schliesslich einigten sie sich per Handschlag.

Ein Rikschafahrer, der ziemlich stark nach Arrakschnaps roch, fing an herumzugrölen und dabei die Leute anzupöbeln. Mich wollte er unbedingt mit seiner Tochter verheiraten. Immer wieder pries er ihre Schönheit, lobte all ihre Vorzüge, bis der Feuerbestatter ihn mit lauten Worten zurechtwies.

Nach einer Stunde, das Feuer brannte noch lichterloh, brach die Trauergesellschaft Richtung Dorf auf. Die meisten Männer verabschiedeten sich von mir per Handschlag oder winkten goodbye.

Alleine mit dem Feuerbestatter blieb ich auf dem Areal zurück. Mittlerweile war es dunkel geworden, die kurze Zeit der Dämmerung war vorüber. Das riesige Feuer erhellte den ganzen Platz. Der Feuerbestatter hatte sich sein Abendbrot in einer Militärgamelle mitgebracht, er lud mich ein, mit ihm zu essen. Meine Portion schöpfte er auf den Gamellendeckel, dazu reichte er mir zwei Chapatis. So sassen wir schweigend und essend im Sand. Der Feuerbestatter schien nicht ein Mann vieler Worte zu sein, er wirkte auf mich nach wie vor etwas unheimlich, strahlte eine Aura von Unnahbarkeit aus. Das hing wohl mit seinem Beruf zusammen. Ich spürte jedoch, dass er mich irgendwie mochte. Das Chickencurry, das seine Frau gekocht hatte, schmeckte köstlich.

Nach dem Essen fragte er: »Coooffi?« - Ich nickte und sagte: »Yes!«

Der Feuerbestatter stand auf, leerte aus einem mitgebrachten Plastikkanister etwas Wasser in einen kleinen Aluminiumtopf, stellte diesen auf die heisse Glut am Rande des Feuers. Das Feuer hatte eine wahnsinnige Hitze, innerhalb weniger Sekunden kochte das Wasser. Etwas Instantkaffeepulver, Milchpulver und Zucker – fertig war der Kaffee.

Schweigend starrten wir in die Flammen, schlürften den Kaffee, rauchten dazu ein Bidi. Nach dem Kaffee spülte er mit dem restlichen Wasser aus dem Kanister das Essgeschirr aus und band seine mitgebrachten Werkzeuge und Utensilien auf sein Fahrrad. Darauf verabschiedete er sich, wobei er mir zu verstehen gab, morgen noch einmal vorbeizuschauen.

Da ich angenommen hatte, dass der Feuerbestatter die ganze Nacht nach dem Feuer schauen und Totenwache halten würde, war ich über den plötzlichen Aufbruch etwas überrascht. Der Feuerbestatter konnte mich doch nicht einfach alleine mit so einem riesigen Feuer zurücklassen – Von Verantwortung hatte der anscheinend noch nie etwas gehört!

Es war kaum zu glauben...da sass ich nun mutterseelenallein, als Westler, zehntausend Kilometer weit weg von zu Hause an einem indischen Kremationsfeuer. Ich fühlte mich etwas einsam und allein gelassen. Die ganze Szene war wirklich und unwirklich, abstrakt und konkret zugleich.

Das Feuer brannte jetzt nicht mehr ganz so heftig wie am Anfang. Da der Wind all den Rauch genau zu unserem Baum wehte, verspürte ich keine Lust, mich dorthin zu begeben. So sass ich im Schneidersitz sinnierend auf der Kopfseite des Toten vor dem Feuer. Mit etwas makabren Gefühlen versuchte ich in der Glut den Kopf auszumachen, konnte aber nichts erkennen...Wer mochte dieser Tote gewesen sein? Was hatte er für eine Geschichte? Was würde er wohl dazu sagen, wenn er mich jetzt so sähe – ein Schweizer, der an seinem Feuer wacht, er würde sicher staunen, es wäre wohl auch für ihn eine surreale Szene.

Ich dachte auch an meinen eigenen Tod – wie, wo und unter welchen Umständen würde ich einst sterben? Die ganze Vergänglichkeit eines jeden Einzelnen wurde mir bewusst. Am Ende wird so ein Körper, der vielleicht achtzig Jahre lang gelebt hat, einfach verbrannt oder vergraben...dann ist so ein Menschenleben nur noch Geschichte, und wenn niemand mehr da ist, der sich an die Geschichte erinnert, stirbt auch die Geschichte. So bleibt am Schluss gar nichts mehr übrig, ausser vielleicht von jenen Leuten, die auf die eine oder andere Art in die Geschichte eingehen, aber das sind ihrer nur wenige. Die meisten Menschen sind nach ein paar Jahrzehnten komplett vergessen, tauchen in keinem Geschichtsbuch auf.

Eine Weile lang war ich ziemlich melancholisch und nachdenklich drauf.

»Was eigentlich tue ich hier?«, fragte ich mich. »Wieso sitze ausgerechnet ich hier? Meine Freunde sassen um diese Zeit am Stammtisch...Und ich hier!

Es war doch nicht meine Pflicht! Was ging mich das alles überhaupt an? Wieso war der Swami ausgerechnet heute weg, wo er doch sonst immer hier war? Vielleicht wusste er, dass eine Kremation bevorstand, hatte sich absichtlich aus dem Staub gemacht, sich womöglich mit dem Feuerbestatter abgesprochen? Vielleicht wollte er mich auf diese Art und Weise testen?

Ich war drauf und dran mein Bündel zu packen, mit einer Rikscha in die Stadt zu fahren, in ein Hotel zu checken und das Ganze hier, inklusive Swami – einfach zu vergessen.

»Hallo, Eno, guten Abend, hast du ein Lagerfeuer gemacht? – Auf ein Würstchen vom Grill und auf eine Flasche Bier hätte ich jetzt Bock, du nicht auch?« Ich schaute den Swami schräg an…Wir mussten beide lachen – ich war froh, dass er wieder zurück war!

»Heute war hier eine Menge los, Swami, in dem Feuer da schmort ein Toter. Die ganze Belegschaft ist einfach abgehauen, inklusive dem Feuerbestatter, die liessen mich einfach mit dem Feuer allein - so etwas kann einem nur in Indien passieren! Wieso hast du mir eigentlich nichts davon erzählt, dass wir neben einem Kremationsplatz wohnen?«

Ich habe einfach nicht daran gedacht«, antwortete er, »die letzte Kremation fand vor zwei Monaten statt, das ist schon eine ganze Weile her, ich hab's einfach vergessen. Für mich ist es ganz normal, hier zu wohnen – so normal, wie für dich neben einem Kiosk oder einer Post. Der Feuerbestatter ist ein Freund von mir. Er fühlt sich sehr geehrt, dass ein weisser Swami aus dem Westen auf seinem Areal wohnt. Auch für mich ist es ein grosses Privileg, so nahe beim Tod sein zu dürfen, so habe ich die optimalen Bedingungen, ihn zu studieren, mich mit ihm auseinanderzusetzen. Er ist inzwischen mein Freund und Verbündeter geworden. Ich freue mich auf den Tod, ich freue mich aber auch auf jeden neuen Tag des Lebens – das eine schliesst das andere nicht aus.«

»Glaubst du an ein Weiterleben nach dem Tod, Swami?«

»Wie schon gesagt, das Glauben kannst du jenen Tölpeln überlassen, die von nichts eine Ahnung haben!

Natürlich gibt es ein Leben nach dem Tod. Der Tod ist, ähnlich wie die Geburt, nur ein Übergang in eine andere Daseinsform. Das Bewusstsein ist unsterblich, es ist ewig und immer. Während dem Todesprozess löst sich das Bewusstsein vom Körper. Es wird in irgendeiner Form in dieser oder in einer anderen Welt einen neuen materiellen oder feinstofflichen Körper annehmen. Es gibt nicht einfach nur Himmel und Hölle für ewig und immer – das ist polarisiertes, dualistisches, christlich-jüdisches Schwarzweissdenken! Es gibt nicht einfach nur zwei Wege, sondern es existieren verschiedene Möglichkeiten, Perspektiven und Optionen. Unsere Welt ist nicht die einzige Welt. Nach dem Tod geht die interstellare Reise weiter, in eine andere oder wieder in diese Welt.«

»Gibt es viele solcher Welten, Swami, und wodurch unterscheiden sie sich?«

»Nach meinen Berechnungen, Studien und Forschungen gibt es vierundzwanzig solcher Welten. Sie werden unterteilt in zwölf materielle und zwölf feinstoffliche Welten. Unsere Erde ist die zwölfte, letzte irdische Welt, danach beginnen langsam die die zwölf feinstofflicheren Welten.«

»Und welche dieser Welten, Swami, ist die beste und schönste?«

»Natürlich die vierundzwanzigste, die letzte feinstoffliche Welt. Sie ist die schönste, grösste, perfekteste und erhabenste Welt – sie ist die Welt der Welten! Wer sie erreicht hat, ist endgültig am Ziel der Reise. Wer dort ankommt, hat das Spiel beendet.«

»Und wie komme ich dorthin, Swami?«

»Indem du dich an die Spielregeln hältst und den Spiegel der Wahrheit zusammensetzt. Es ist ein langer Weg dorthin, auf die letzte Welt. Nur wer die universelle Wahrheit und universelle Liebe gefunden hat, darf sie betreten. – Stell dir vor, wir betreten voller Hass, Neid, Falschheit, Egoismus und Gier die letzte, schönste Welt der Welten...Sie wäre bald verwüstet und zerstört!«

»Wieso, Swami, gibt es überhaupt dich, mich sowie all die anderen Bewohner der hiesigen und der anderen Welten? Wieso gibt es überhaupt Materie? Wieso ist das All nicht einfach leer, ohne Planeten, ohne Sterne? Warum gibt es überhaupt Bewusstsein? Und wenn der grosse Geist dies alles erschaffen hat, wieso tat er es und wer erschuf ihn?«

»Du stellst vielleicht Fragen, Eno! Zu diesen ganz grossen Fragen gibt es auf dieser Welt keine Antworten - sie gehören zu einem anderen Spiegel, der nicht für diese, unsere Welt bestimmt ist. Auf den höheren, feinstofflichen, spirituellen Welten erhalten wir auf diese Fragen klarere Antworten.

Wir Menschen auf der Mittelerde sollen uns an die vierundzwanzig Spielregeln halten, den grossen Geist achten, anerkennen und den unsrigen Spiegel zusammensetzen.

Wir sollten uns bewusst sein, dass es neben unserer Welt noch andere Welten gibt, dass unsere Welt nicht die höchste, intelligenteste und bewussteste ist - im Gegenteil, wir sollten uns bewusst sein, dass unsere Welt primitiv und rückständig ist!«

Schweigend sassen der Swami und ich vor dem Feuer. Seine Worte hallten in meinen Ohren, und je länger ich in die Glut starrte, umso klarer wurde mir, dass er irgendwie Recht hatte – es mussten noch andere Welten existieren. Unsere Welt ist bestimmt nicht die einzige – unmöglich! Das würde sämtlichen physikalischen und mathematischen Gesetzen widersprechen!

Es war inzwischen nach Mitternacht. Aus dem Kremationsfeuer war ein grosser, rotweiss glühender Kohlehaufen geworden. Ich schätzte, der Tote war restlos verbrannt.

»Well, Swami, ich denke, das war's, Ende der Vorstellung, ich bin müde und ausgebrannt. Ich hau mich so langsam in die Federn.«

»Hey, Eno, Alter, mach mal nicht schlapp. Die Vorstellung ist noch nicht vorbei. Wir machen heute Freinacht!«

Der Swami erhob sich, begab sich unter den Baum...

Mit dem Dreizack in der Hand kam er wieder zurück. Diesen steckte er, die Schaftspitze nach unten, in den Boden. Anschliessend stopfte der Swami ein Ganja-Shilom das wir zu Ehren Shivas rauchten – ich war auf einmal nicht mehr müde, fühlte mich super gut.

Nun begann der Swami mit dem Dreizack den Gluthaufen zu einem zweimal zwei Meter grossen Teppich auszurechen. Dabei sang er: "Om Shiva Om".« Alsdann legte er den Dreizack quer, einen Schritt vor den Glutteppich.

Er kam zu mir, nahm mich an der Hand und führte mich – immer noch Om singend – drei Mal um den Glutteppich. Vor dem Dreizack blieben wir stehen. Er deutete mir an, in seinen Omgesang einzustimmen...wunderschön ertönten unsere zwei Oms durch die Nacht.

Langsam klang der Swami aus, wurde leiser, ich sang alleine weiter. Er hob die Hände zum indischen Gruss, verneigte sich vor dem Feuer und sprach: »Heiliger Shiva, Hüter des Feuers. Gott der Zerstörung und der Erneuerung, mit Demut, mit Achtung und Respekt betrete ich das heilige Feuer – Om Shiva Om.«

Darauf hin, sprang der Swami über den Dreizack hinweg, mitten hinein, auf den rotweiss glühenden Glutteppich – mir stockte beim Omsingen der Atem, das hätte ich nicht erwartet...Da hüpfte doch tatsächlich dieser Swami mit nackten Füssen in diese gleissende Glut – wie ein anderer in den Swimmingpool. Dann begann er auf diesem Glutteppich zu tanzen...Ich wich einen Schritt zurück – so etwas hatte ich noch nie gesehen! – Ein Zweiundachtzijähriger, der auf dem Feuer tanzt!..Da hätte sogar Michael Jackson gestaunt.

Die Funken stoben, der Swami tanzte...Für Sequenzen sah er dabei aus wie ein Teenager, dann wieder wirkte er wie ein hundertjähriger Indianer oder Schamane, der sich im nächsten Moment in Shiva verwandelte und schliesslich zum listigen Rumpelstilzchen wurde. Er wirkte alterslos, unendlich und ewig. Ich sah in ihm durchlebte, vergangene Leben, Leiden, Entbehrungen und Schmerzen, sah höchstes Glück, Ekstase, unendliche Liebe und Reichtum. Ich sah, dass dieser Swami ein ganz besonderer Mensch war, ein Auserwählter. Ich dankte den Göttern, dass sie mich zu ihm geführt hatten.

Nach einer Minute beendete der Swami seinen Tanz, trat aus der Glut, wieder auf den Sandboden. Er legte die Handflächen aneinander, dankte noch einmal Shiva, dem grossen Geist, und auch der Seele des Verstorbenen.

Alsdann kam der Swami zu mir, legte seinen Arm um meine Schulter, dabei führte er mich zum Dreizack, vor das Feuer.

»Eno«, sagte er, »Angst ist der grösste Gegner des Lebens. Es ist die Angst, die uns nicht über uns hinauswachsen lässt – der fehlende Mut! Angst behindert uns, aus Angst trauen wir uns nicht, aus Angst riskieren wir nicht. Die Feigheit ist die Schwester der Angst. Vor lauter Angst und Feigheit vergessen wir wirklich zu leben und wirklich zu sterben.

Lord Shiva, Hüter des Feuers, gib meinem jungen Freund die Kraft und den Mut, auf deinem heiligen Feuer zu tanzen. Verbrenne seine Angst, Zweifel und Feigheit. Härte und läutere ihn mit deinem heiligen Feuer – Om Shiva Om!«

Der Swami liess meine Schulter los, entfernte sich ein paar Schritte, begann erneut, den Omgesang anzustimmen.

Ich stand alleine vor dem Feuer...Die Hitze des orangeroten, gelbweissen Glutteppichs schlug mir unbarmherzig entgegen...Dort hinein sollte ich springen, dann auch noch tanzen! – ohne mich, das konnte kein Mensch von mir verlangen. Ich bin ja nicht wahnsinnig!

Im Fernsehen hatte ich einmal gesehen, wie die Polynesier bei einem rituellen, religiösen Anlass über glühende Lava laufen. Aber erstens war das hier keine Lava, zweitens bin ich bei Gott kein Polynesier und drittens schon gar kein verrückter Swami mit Yogikräften! Jede Zelle in mir sträubte sich, der gesunde Menschenverstand appellierte an die Vernunft – tue es nicht! Soll der Swami meinetwegen denken was er will, ich bin diesem Typen auf keine Art und Weise verpflichtet. Soll der meinetwegen selber tanzen, am besten die ganze Nacht lang, bis die Füsse durchgekohlt sind.

Eine andere Stimme sagte: »Eno, spring über deinen Schatten. Lass deinen Mut über deine Angst siegen. Tue etwas Aussergewöhnliches, Unkonventionelles, das allen Regeln wiederspricht.«

Geraume Zeit stand ich vor der heissen Glut, rang mit mir selber, wusste nicht, was ich wollte, wusste nicht, was ich sollte...

Der Swami sang die ganze Zeit inbrünstig, aus voller Kehle Om, dass es nur so vibrierte. Langsam wich meine beklemmende Angst, verflüchtigte sich mein Zweifel. Ich hörte nur noch das Om, sah nur noch die Glut. Mein Verstand hörte auf zu existieren.

Was ich dann tat, war irgendwie nicht mehr ich, es war ein Teil, den ich bis jetzt in mir nicht kannte – wenn ich heute daran denke, frage ich mich, wie ich damals den Mut hatte aufbringen können.

Ich verbeugte mich vor der Glut, legte die Handflächen aneinander zum Gruss und sprach: »Geehrter Toter, ich bitte um dein Einverständnis, auf deinem Feuer in deiner Asche zu tanzen. Lord Shiva, mit deiner Erlaubnis betrete ich das heilige Feuer.«

Ich tat einen kurzen Satz über den Dreizack hinweg, landete mitten auf dem glühenden Teppich. Dort drehte ich mich um die eigene Achse, tanzte, dass es Glut und Funken spritzte. Die ganze Welt glühte, brannte lichterloh. Ich verschmolz mit dem Feuer, wurde selbst zu Feuer. In dem Moment verstand ich – selbst wenn mein Körper verbrennen würde – mein Geist, mein Bewusstsein würde weiterleben. Erneut drehte ich mich um die eigene Achse, schaute zum Himmel...Es regnete Glut.

Am Horizont, wo sich Meer und Himmel treffen, erblickte ich blausilbrig glänzend Shiva und Parvati, umgeben von Krishna, Brahma, Ganesha und anderen Göttern. Sie alle wirkten erhaben, schön, unerreichbar. Parvati strahlte einen Sexappeal aus, wie es wohl nur Götterfrauen vermögen. – Ich war elektrisiert!

Abermals drehte ich mich wie ein Derwisch um die eigene Achse, um mich herum spritzte, platzte und knallte Feuerwerk. Ich zertrat und zertrampelte den Dämonen der Angst, dass es unter meinen Füssen die Funken stoben. Ich dankte den Göttern, dass sie sich mir offenbart hatten, ballte die Hand zur Faust und schrie: »Hasta la victoria siempre. Viva la revoluçion!«, in den Nachthimmel. Dann sprang ich mit einem Satz aus dem Feuer wieder auf den Sandboden.

Der Swami umarmte mich – er hatte feuchte Augen.

»Eno rief er, »du hast getanzt wie wahnsinnig, pure Ekstase – sogar die Götter haben applaudiert!«

»Puh, Swami«, keuchte ich ausser Atem, »danke für die Lorbeeren. Ich getraue mich gar nicht auf meine Füsse zu sehen...Vielleicht stehe ich nur noch auf zwei verkohlten Stümpfen vor dir – bestenfalls gibt es heute Mittag ein Fusssohlensteak.«

»Es ist alles noch dran«, beruhigte mich der Swami. »Eno, ich habe gesehen, wer du wirklich bist. Beim Tanz auf dem Feuer ist jeder die Essenz seiner selbst. Das Feuer zwingt einen jeden, seine Masken abzulegen. Der wahre Ausdruck der Persönlichkeit ist für ein paar Augenblicke rein und klar zu sehen«.

»Was hast du bei mir gesehen, Swami?«, wollte ich wissen.

»Eno, du kommst von sehr weit her. Dein Zuhause ist ein Anderes. Du bist auf Terra ein Fremder. Oft fühlst du dich deswegen einsam, nicht so ganz dazugehörig. Ohne Zweifel hast du besondere Fähigkeiten und Gaben. Du bist noch jung, diese Fähigkeiten, diese Gaben werden sich mit zunehmendem Alter entwickeln und zum Tragen kommen.«

»Was sind das für Gaben und Fähigkeiten, Swami?«.
»Der grosse Geist wird sie dir zum richtigen Zeitpunkt mitteilen, es ist jetzt noch zu früh – die Dinge müssen reifen.«

Jetzt erst getraute ich mich, auf meine Füsse herunterzuschauen – sie waren beide noch da, fühlten sich jedoch etwas warm an. Ein leichter Schmerz stach an der linken Fusssohle, was mich ein wenig beunruhigte. Ich setzte mich, um im Schein der Glut meine Fusssohlen zu untersuchen. Sie sahen ziemlich schwarz und verkohlt aus. »Wenigstens riechen sie nicht nach Steak«, dachte ich. Bei näherer Untersuchung stellte es sich zum Glück heraus, dass sie nur voll abgefärbter Kohle und Asche waren – ich war beruhigt. Lediglich an der linken Fusssohle hatte ich eine ganz kleine Brandblase, die kaum der Rede wert war.

»Alles okay?«, fragte der Swami.

»Alles okay, Alter!«

»Dann lass uns schwimmen gehen, Eno – Stahl muss man härten, solange er noch glüht!«

Langsam graute der Tag, wir begaben uns an den Strand. Ich glitt ins Meer, unter einem Wellenkamm durch, tauchte auf, schrie ein inbrünstiges »Yeaah« in die Weite des Meeres. Nach dem heissen Feuer fühlte sich das Wasser an wie kühler Balsam...Allmählich tauchte die violett-orange Sonne majestätisch aus dem Meer empor – ein neuer Tag in Indien...Was für eine Wahnsinnsnacht hatte ich hinter mir, unglaublich!

Nach einer anschliessenden Morgendusche auf dem Reisfeld besuchten wir Amukarams Foodstall, wo wir hungrig einige Idlis und Puris verdrückten. Mit dem Sattwerden spürte ich langsam die Müdigkeit aufkommen. Ich freute mich darauf, den ganzen Tag unter dem Baum auszuschlafen. Anscheinend war der Swami in ähnlicher Stimmung.

»Was freue ich mich auf mein Bett«, stöhnte er, »zwei durchgemachte Nächte in zwei Tagen, mir reicht's. Zu Hause haue ich mich auf die Matte, dann kann mich die Welt mal.«

Beim Früchtestand kauften wir uns noch zwei Papayas. Anschliessend begaben wir uns zurück zum Baum. Durchs Blattwerk konnten wir beobachten, wie einige Familienangehörige des Verstorbenen an die Kremationsstätte zurück-gekommen waren. Sie sangen alle zusammen ein Lied. Danach öffnete die Witwe des Verstorbenen eine Kokosnuss, das Wasser spritzte sie über die noch heisse Asche, dass es zischte. Zwei andere Frauen legten einen Tonteller mit Speisen zur Kopfseite des Verstorbenen auf den Boden.

»Das letzte Frühstück«, erklärte der Swami.

Mit einem Holzstöckchen suchte der Sohn des Verstorbenen in der noch heissen Asche nach Überbleibseln. Die gefundenen, nicht verbrannten Knochenstücke wickelte er in ein Tuch und vergrub beides ein paar Schritte weit weg von der Feuerstelle in der Erde.

Das Ritual war beendet, die Familie des Verstorbenen entfernte sich Richtung Dorf. Ein streunender Hund, der wohl genau darauf gewartet hatte, machte sich genüsslich über das "letzte Frühstück" her und trollte sich danach von dannen – der Tote hatte endgültig seine Ruhe und wir auch! Endlich, der ersehnte Schlaf, ich fühlte mich todmüde und ausgelaugt, die letzten drei Tage waren sehr intensiv und anstrengend gewesen.

Am späteren Nachmittag wurden wir von hämmernden Geräuschen geweckt. Der Feuerbestatter war zurückgekommen und war im Begriff, mit der Machete die liegengebliebene Totenbahre zu zerlegen. Die

Bambus- und Holzteile band er auf den Gepäckträger seines Fahrrades. Anschliessend machte er einen kurzen Besuch unter unserem Baum. Der Feuerbestatter und der Swami unterhielten sich in Tamil, ich konnte kein Wort verstehen.

Zum Nachtessen holte ich uns bei Amukaram zwei Portionen Dal und ein paar Chapatis. Es wurde ein ruhiger, stiller, besinnlicher Abend. Keiner von uns schien allzu mitteilungsbedürftig zu sein. Im Moment gab es auch nichts zu reden, es schien ganz, als wäre jeder für sich, in seiner eigenen Gedankenwelt am Verarbeiten der letzten drei Tage. Schon bald legten wir uns erneut zum Schlafen.

»Gute Nacht Swami, schlaf gut, ich hoffe, dass hier so bald keiner mehr stirbt – ich habe für eine Weile genug.«

Doch ich sollte mich getäuscht haben...Zwei Tage später schleppte der Feuerbestatter erneut eine Menge Holz an. Er wirkte heute sehr angespannt, strahlte eine harte, aggressive, unnahbare Kälte aus.

»Einen solchen Ausdruck habe ich bei ihm noch nie gesehen! Eno, ich denke im Moment bleiben wir besser unter dem Baum, lassen ihn seine Arbeit tun. Irgendetwas Tragisches muss vorgefallen sein. Vielleicht ist ein Familienmitglied gestorben?«

Ohne unseren Baum aufzusuchen, entfernte er sich nach getaner Arbeit.

Gegen Abend dann, bewegte sich eine Prozession von etwa vierzig Männern zur Kremationsstätte. Sechs der Männer trugen eine sehr grosse, zweimal zwei Meter breite, blumengeschmückte Bahre. Zwischen all den Blumen erblickte ich drei kleine, weisse Stoffballen.

Besorgt, mit zusammengepressten Lippen schaute ich den Swami an. Er war merklich bleicher geworden, seine Mimik eingefroren – Wir erahnten Schlimmes auf uns zukommen.

»Oh, Swami, das sind Kinder, drei Kinder! Wow, Swami jetzt wird's knallhart! –Ich weiss nicht, ob ich das aushalte, das ist *too much* für mich. Ich denke, ich fahre in die Stadt und gehe für ein, zwei Nächte in ein Hotel.«

»Eno, ich habe an diesem Platz schon einiges erlebt, was hier jetzt folgt, übertrifft alles bisher Dagewesene und erschüttert mein altes Swami-Herz zutiefst!

Eno, dein Schicksal hat dich an diesen Platz geführt. Du bist hier um genau diese Erfahrungen zu machen. Unser Beider Schicksal hat das so gewollt. Es macht wenig Sinn, davonzulaufen. Es wäre feige! Wir beide müssen uns dieser Prüfung stellen!«

Inzwischen hatten die Männer die drei Kinderleichname auf den Scheiterhaufen gelegt und mit Holz zugedeckt.

Der Swami und ich fragten uns, was der Grund für drei tote Kinder auf einmal sein könnte - Irgendein Unfall schien uns am plausibelsten.

Die ganze Trauergesellschaft wirkte irgendwie aggressiv, wütend und aufgebracht. Der Swami schien sehr besorgt, auch mir war überhaupt nicht wohl in meiner Haut.

»Eno, ich reiss mich mal zusammen, gehe schauen, was da los ist, bleib du erst mal unter dem Baum. Die Situation ist etwas heikel. Es sieht so aus, als hätten einige der Männer einiges getrunken. In Indien kann eine solche Stimmung schnell mal kippen, es kann zu

Tumulten kommen. Der eine Polizist mit seinem Schlagstock kann da nicht viel ausrichten.«

Der Swami begab sich zum Kremationsplatz. Ich beobachtete, wie er einige Männer begrüsste, mit ihnen sprach und diskutierte. Auch mit dem Polizisten und dem Feuerbestatter wechselte er ein paar Worte. Nach einer Weile kehrte der Swami mit todernster Miene unter unseren Baum zurück. »Eno, du kannst dir nicht vorstellen was da für eine Tragödie geschehen ist. Stell dir vor: Da hat doch eine Mutter sich selber und ihre drei eigenen Kinder umgebracht – vergiftet! Zwei Jungen und ein Mädchen, sieben, neun und zehn Jahre alt.

Der Grund für diese Tat war, dass ihr Ehemann die Scheidung eingereicht hatte und eine andere Frau heiraten wollte.«

Ich war erschüttert, sagte nichts mehr!

Wir beobachteten, wie der Vater der verstorbenen Kinder das Krematiosfeuer endzündete. Er sah absolut beschämt und kläglich aus, seine Knie zitterten, er drohte fast einzusacken. Zwei Männer stützten ihn. Ich verspürte kein Mitleid mit ihm. Weil zwei Erwachsene so herzlos, so kalt, so skrupellos handelten, mussten drei unschuldige Kinder so grausam sterben. Ich verspürte Hass und Wut auf die Eltern – ich trauerte um die Kinder!

Da die Verwandten, Väter, Onkel, Grossväter, Schwäger der beiden Elternteile anwesend waren, lag die Spannung förmlich in der Luft.

Zum Glück.... die Kremation verlief ohne Zwischenfall, der Polizist sah, wenn auch traurig, doch erleichtert aus.

Nach einer Stunde entfernten sich die Männer, meine Spannung legte sich etwas, die Trauer aber blieb.

Der Feuerbestatter sass noch eine Weile beim Feuer und suchte dann unseren Baum auf, er wirkte wie eingefroren. Er setzte sich zu uns, wir waren alle still, keiner redete ein Wort... Plötzlich brach es aus ihm heraus. Der Feuerbestatter weinte herzerschütternd. Ich habe noch nie einen Mann so weinen gesehen! Der Swami und ich weinten mit ihm.

Nach einer Weile begann er, verbittert zu klagen und zu fluchen. Er verfluchte die Eltern der Kinder, sein trostloses Leben, seine Arbeit. Er verfluchte Indien, die Regierung, Gott und die ganze Welt. Ich spreche kein Tamil, aber ich verstand ihn hundertprozentig, jedes Wort! In solch extremen Situationen versteht man alle Sprachen...

Kurz nachdem der Feuerbestatter sich verabschiedet hatte, legte ich mich auf meine Matte und rollte mich in die Decke. Trotz fünfundzwanzig Grad Wärme hatte ich kalt. Meine Augen fielen bleischwer zu, ich wollte nur noch abtreten und alles vergessen.

Am Morgen kamen etwa zwanzig Frauen zur Kremationsstätte. Sie brachten das letzte Frühstück für die Kinder – es war herzzerreissend! Im Gegensatz zu den Männern gestern liessen die Frauen ihren Gefühlen und Emotionen freien Lauf. Der Swami und ich weinten mit ihnen.

Den restlichen Tag verbrachten wir schweigsam und traurig, wir waren wie gelähmt, fühlten uns kaputt und fertig.

Am Abend kremierte der Feuerbestatter die Mutter der drei Kinder. Kein einziger Trauergast war anwesend. Auch wir liessen uns nicht blicken. Der Feuerbestatter erledigte seinen Job emotionslos und entfernte sich bald wieder. Das Feuer hatte einen ganz anderen Charakter als gestern, wirkte kalt und einsam. Am nächsten Morgen lag eine bleischwere, graue Aura über der Kremationsstätte – Fortan mied ich die Feuerstelle, machte einen grossen Bogen um sie.

Mir war nach einem Morgenspaziergang alleine am Strand zu Mute. Der Swami war noch immer am Schlafen. Etwa zwei, drei Kilometer den Strand abwärts gab es ein paar Touristenbungalows sowie ein kleines Restaurant – ich konnte ja dort etwas frühstücken.

Barfuss, immer dicht am Wasser, dort, wo die letzte Schaumkrone im Sand versiegt, schlenderte ich dem Strand entlang. Das Feuertanzen und die Kremationen waren nicht spurlos an mir vorbeigegangen, waren mir ordentlich eingefahren! Ich brauchte einen Moment der Distanz, des Alleinseins, um das alles zu verdauen...

Das Strandrestaurant war gerade im Begriff zu öffnen – ich war der erste Gast. Anscheinend lagen die Reisenden noch alle in den Federn. Ich bestellte mir einen Milchkaffee, dazu einen Bananaporridge. Weil ich so hungrig war, orderte ich danach noch einen Fruchtsalat. In der Zeitung stand nichts Erbauliches, das übliche politische Blabla, Kriege, Terror, Katastrophen... absolut nichts Erfreuliches.

Inzwischen bevölkerte sich das Restaurant mit Gästen. Die Leute boten das typische Bild der Traveller- und Backpackerszene. An meinem Nachbartisch wurde Schweizerdeutsch geredet. Drei Jungs aus Zürich hatten sich dort niedergelassen, den Tisch mit Landkarten, Schreibblöcken, Fotoapparaten und Tagebüchern belegt. Der Kellner hatte Mühe, einen Platz für die Getränke und das Essen zu finden. Für einen Moment lang überlegte ich, mich an ihren Tisch zu setzten – wieder einmal Schweizerdeutsch zu sprechen, liess es aber dann doch bleiben. Ich hatte keine Lust auf die üblichen Touristenfragen. Was hätte ich auch erzählen sollen? Dass ich gerade von einer Kremation komme und auf dem Feuer getanzt habe? Ich lebte in einer Welt, die sie wohl nicht verstanden. Ich meinerseits interessierte mich nicht sonderlich für ihre Welt.

Dann betrat Caterina das Restaurant.

»Hallo, Caterina, schön dich zu sehen, was treibst du um diese Zeit in dieser Gegend?«

»Guten Morgen, Eno, ich komme gerade von einer Krankenvisite, ein Franzose, der hier in einem der Bungalows wohnt, ist gestern am Strand in die Scherben einer zerbrochenen Flasche getreten, beim Joggen, es hat ihn böse erwischt, den letzten Glassplitter hab ich vorhin rausgezogen. Es blutet nicht mehr stark, ich denke die Wunde muss nicht genäht werden, ich hoffe nur, dass das Ganze sich nicht entzündet, sonst haben wir den Salat! Mit Rumlaufen ist im Moment nichts, er liegt mit hochgelagertem Bein auf seinem Bett. Morgen besorge ich ihm ein paar Krücken. Der Besitzer der Anlage hier ist ein Freund von mir, er ruft mich immer wenn ein Tourist ein Bobo, Wehwechen, oder eine Verletzung hat.«

»Ich finde, du hast eine tolle Berufung, Caterina, das imponiert mir sehr. Deine Art zu Leben ist bewundernswert. Willst du eigentlich für immer hier in Indien leben oder irgendeinmal wieder nach England zurück?«

»Ich lebe jetzt seit bald drei Jahren in Indien, im Moment zieht mich nichts hier weg. Ich liebe dieses Land, ich bin glücklich hier – jeden Tag mehr, hier kann ich so sein wie ich wirklich bin. Zu den indischen Frauen habe ich einen ganz besonderen Zugang, sie liebe ich am meisten, und die Kinder!«

Ich erzählte Caterina vom Feuertanzen und den beiden Kremationen, insbesondere der letzten mit den drei Kindern. Caterina war fassungslos und erschüttert.

»Das ist die andere Seite Indiens, es ist zuweilen brutal und gnadenlos. Da möchte man am liebsten abhauen...aber schon am nächsten Tag passiert einem irgendeine wundervolle Begebenheit voller Liebe, Erhabenheit und Schönheit, man ist gerührt und ergriffen, fühlt sich mit dem Schöpfer und der Welt verbunden. Indien versöhnt einen immer wieder und immer wieder aufs Neue. Sonst wäre es nicht auszuhalten! Es gibt hier die stinkendsten Kloaken der Welt aber auch die lieblichsten Düfte der Welt, oft ein paar Meter auseinander. Man muss das Eine für das Andere in Kauf nehmen, beide Extreme.

Übrigens, Eno, ich wollte sowieso bei euch vorbeischauen. Am Samstag feiert eine indische Freundin von mir ihre Hochzeitsparty. Zu diesem Anlass spielt auf dem Dach des Roof-Garden-Restaurants eine indische Beatles-Cover-Band. Ich freue mich riesig darauf, fast so als würden die richtigen Beatles auftreten. Ich wollte dich und den Swami fragen ob ihr Lust habt mitzukommen?«

»Wow, Caterina, eine Indische Beatles-Cover-Band, das lasse ich mir nicht entgehen. Der Swami kommt bestimmt auch mit, ich weiss, dass er die Beatles sehr mag.«

»Ok...dann komme ich nächsten Samstag gegen Abend bei euch vorbei. Wir können ja bei Amukaram zu Abend essen und danach mit einer Rikscha zusammen zum Roof-Garden fahren.«

Beim Bezahlen an der Theke entdeckte ich unter einer Fliegenhaube einen duftenden, frischen Schokoladenkuchen. Ich liess mir davon zwei Stücke einpacken, alsdann machte ich mich auf den Heimweg.

Die Sonne stand nun einiges höher am Himmel als auf dem Hinweg, es wurde arg heiss. durchgeschwitzt und durstig erreichte ich unseren Baum, wo ich als erstes zwei grosse Gläser Limonenwasser hinunterstürzte. Der Swami sass auf seiner Matte, in der Biografie von Sri Aurobindo lesend, die ich vor ein paar Tagen gekauft hatte.

»Hallo, Swami, Alter, guten Morgen, auch schon wach? Ich muss mal schnell unter die Dusche, mich ein bisschen erfrischen, pass doch bitte auf den Schokoladenkuchen auf, damit die Ameisen nicht rangehen.«

Der Swami hob verdutzt den Kopf, machte grosse Augen.

»Du machst wohl Witze, Eno – in Indien gibt es keinen Schokoladenkuchen! Den letzten habe ich vor zehn Jahren in Katmandu gegessen.«

»Kein Witz, Swami, ich habe eben einen Strandspaziergang zu den Travellerbungalows gemacht. Im Restaurant dort hatten die in der Vitrine einen riesigen Schokoladenkuchen stehen, ich dachte, ich bringe uns zwei Stücke mit.«

Dem Swami lief das Wasser förmlich im Mund zusammen.

»Eno, du bist grossartig! Während du dich duschst, hole ich uns bei Amukaram eine Thermoskanne frischen Kaffee.«

»Super, Swami, einen anständigen Kaffee kann ich gut gebrauchen. Im Restaurant gab's nur diesen Instantkaffee und der war ziemlich dünn – eine Tasse zu fünf Rupien, stell dir vor! Bei Amukaram bekommen wir für dasselbe Geld eine ganze Kanne voll besten frischen Bohnenkaffees – da siehst du wieder einmal, wie die Touris abgezockt werden.«

Auf dem Reispaddy arbeitete heute etwa ein halbes Dutzend Frauen. Die Wasserpumpe war schon am Laufen, ich brauchte mich nur noch darunter zu stellen. Die Pumpe lag leicht verdeckt hinter ein paar Sträuchern, so bekamen die Feldarbeiterinnen nicht allzu viel von mir mit. Da ich mein Frottiertuch vergessen hatte, setzte ich mich nach dem Duschen auf eine etwas erhöhte Böschung, um mich an der Sonne trocknen zu lassen. Die Feldarbeiterinnen waren dabei, mit Handhacken die Wasserkanäle zu optimieren, sodass das Wasser gleichmässig auf dem ganzen Feld verteilt wurde.

Auf einmal fing eine der Frauen an zu stöhnen, krümmte sich dabei vor Schmerzen. Alle anderen Frauen unterbrachen nun ihre Arbeit und eilten zu der vor Schmerz sich Krümmenden.

Ich dachte: »Was hat denn die – ein Kobrabiss, vielleicht eine Kolik oder sonst irgendein Arbeitsunfall?«

Die Stöhnende wurde jetzt links und rechts an jeder Seite von zwei Frauen gestützt. Erst jetzt bemerkte ich, dass sie hochschwanger war. Mir wurde langsam klar, dass dies kein Kobrabiss oder Unfall war, sondern die Wehen einer bevorstehenden Geburt. Die Schwangere stöhnte und presste, eine Frau hielt dabei deren Sari hoch, eine andere massiere ihren Bauch, eine dritte wartete mit einem bereitgehaltenen Tuch auf das herauskommende Baby. Anscheinend war es noch nicht so weit, die Schwangere wurde wieder ruhiger, bis nach ein paar Minuten die Wehen erneut einsetzen... Auf einmal ging alles sehr schnell, es machte sozusagen "plups" und der/die neue Erdenbürger/in plumpste ins bereitgehaltene "Sprungtuch" - nach ein paar Sekunden ertönte der erste Schrei. Ich konnte sehen, wie eine der Frauen mit den Zähnen die Nabelschnur durchbiss, den Rest verknotete. Gestikulierend und lachend entfernte sich die ganze Frauengruppe, die junge Mutter stützend, Richtung Dorf.

Ich staunte nicht schlecht - wie einfach das hier alles ablief, wie natürlich, wie schnell, ohne Hilfsmittel und High-Tech. In stehender Körperhaltung zu gebären erschien mir einiges logischer als liegend in einem Gebärstuhl - die Babys rutschten so durchs Eigengewicht viel besser heraus. Kein Mann war bei der Geburt anwesend, das war hier ausschliesslich Frauensache!

Der streunende Hund, welcher schon das "letzte Frühstück" des Toten gefressen hatte, machte sich nun auch noch über die Nachgeburt samt Nabelschnur her. im ersten Moment wollte ich einen Stein werfen, liess es dann aber doch bleiben. Wenn nicht der Hund, frassen es die Ameisen oder Krähen - die Natur verschwendet nichts!

Indien versöhnt einen immer wieder! - Wie Caterina gesagt hatte. Nach der Kremation der drei Kinder brachte das Erlebnis der Geburt die Versöhnung.

Wieder unter dem Baum erwartete mich der Swami schon ungeduldig.

»Du hast ja verdammt lange geduscht, Eno! Du hast Glück, dass die beiden Kuchenstücke noch nicht weggeputzt sind, dass ich mich beherrschen konnte - einen alten Mann so auf die Folter zu spannen!«

Innerlich musste ich lachen, ich wusste, der Swami besass eine Schwäche für Süsses. Und wie er nun so dastand, kam er mir vor wie ein kleiner Junge, der jetzt seinen Kuchen haben wollte. Wir setzten uns auf unsere Matten, der Swami goss den Kaffee in die Becher, ich packte den Kuchen aus. Schweigend mampften wir den Schokoladenkuchen und tranken den Kaffee dazu. Der Swami genoss den Kuchen wie das eben nur einer kann, der zehn Jahre lang keinen mehr gegessen, sondern nur davon geträumt hatte.

»Übrigens, Swami, ich habe Caterina getroffen – Am Samstag findet auf dem Roof-Garden eine Hochzeitsparty statt, dazu spielt eine indische Beatles-Cover-Band, wir sind beide eingeladen, kommst du auch mit?«

»Ja klar Mann! Ich bin der grösste Beatles-Fan auf diesem Planeten... Obladiobladaaa.. Yesterdaaay... Let it beeee...«

Der Swami sang ein Beatles-Medley, klatschte die Hände, freute sich wie ein Kind.

Als er wieder etwas beruhigter wirkte, seine Sinne nicht mehr nur beim Kuchen und den Beatles waren, erzählte ich ihm von der Geburt auf dem Reisfeld.

»Was ich hier so alles erlebe und durchmache, Swami, ist schon wahnsinnig, so durchgeschüttelt habe ich mich noch nie in meinem Leben gefühlt. Die letzten Tage waren extrem intensiv. Ich hoffe, mein Gehirn hält all diese Eindrücke und Erlebnisse aus, ohne durchzubrennen.«

»Erinnerst du dich, Eno, wie du mich vor ein paar Wochen gefragt hast, ob es mir nicht langweilig wird, nur so unter dem Baum zu hocken? Wie du selber siehst, ist hier immer eine Menge los. Es ist übrigens ein gutes Zeichen, dass du nach so viel Tod eine Geburt erlebt hast. Der Kreislauf ist nun geschlossen – der grosse Geist meint es sehr gut mit dir!«

»Wie meinst du das, Swami? Manchmal habe ich den Eindruck, du steuerst die Geschichte und weisst auch schon wie sie endet.«

»Nun, so einfach ist es auch wieder nicht«, entgegnete der Swami. »Auf alle Fälle geschieht alles zu deinem Besten. Du spielst eine spezielle Rolle in einem speziellen Film – die Regie führt der grosse Geist!«

Das konnte ja heiter werden! Was wohl erlebte ich als Nächstes in diesem Wahnsinnsfilm...?

Am Abend, als ich bei Amukaram das Nachtessen für uns holen wollte, machte ich eine sehr tragische Begegnung: Aus dem Schatten der Bäume trat plötzlich eine junge, zerlumpte Frau mit einem Säugling im Arm auf mich zu. Wild gestikulierend und jammernd hielt sie mir das Kind entgegen. Ich konnte nicht genau verstehen, was sie sagte. Aus ihrer Gestik und ihren Gebärden entnahm ich jedoch nach einer Weile, dass sie mir den Säugling für hundert Rupien verkaufen wollte!

Das konnte doch nicht wahr sein – da wollte eine Mutter ihr eigenes Kind für drei Dollar verkaufen! Entrüstet und empört winkte ich ab. Die Frau fing noch mehr zu jammern und zu weinen an. Ich versuchte sie zu beruhigen, ihr klarzumachen, dass sie nicht einfach ihr Kind für hundert Rupien verkaufen könne – aber was wusste ich schon von der Not dieser Menschen! Jetzt fing sie sogar an mit dem Preis runter zu gehen, achtzig Rupien, fünfzig Rupien, zwanzig Rupien. Ich wurde richtiggehend wütend und schrie sie an. Der Säugling begann zu weinen.

In mir herrschte das totale Gefühlschaos! Ein Gemisch aus Zorn, Mitleid, Abscheu und unendlicher Liebe für dieses kleine Kind!

Auf einmal drückte mir die Frau das Baby in die Arme und rannte fort. Da stand ich nun, allein in Indien, mit einem Neugeborenen in den Armen, das mir nicht gehörte.

Sachte legte ich den Säugling auf den Boden, rannte der Frau nach. Es war inzwischen schon fast dunkel geworden, das Gelände unwegsam, voller Kakteen und Sträucher. Ich verlor sie in der Dunkelheit aus den Augen, die Nacht verschluckte sie einfach. So begab ich mich zurück zu dem weinenden Baby, hob es auf und versuchte es mit sanfter Stimme zu beruhigen - durch mich hindurch flutete eine Welle von Beschützerinstinkt-Hormonen. Was sollte ich jetzt tun, mit dem Säugling zu Amukaram oder zum Swami? Irgendwie hatte ich das Bedürfnis, das Kleine dem Swami zu zeigen, so entschied ich, mich zurück zum Baum zu begeben. Die schaukelnden Bewegungen beim Gehen beruhigten das Baby, es hörte auf zu weinen – das war schon die halbe Miete, meine Nervosität legte sich etwas.

»Hallo, Swami, Alter, wir müssen das Nachtessen verschieben, ich habe soeben ein Kind bekommen.« Der Swami schluckte leer und schaute mich verwundert an. Ob seinem verdutzten Ausdruck musste ich laut loslachen. Die Situation war irgendwie tragisch, grotesk und lustig zugleich. Ich konnte mich vor lauter Lachen kaum noch auf den Beinen halten und übergab das Kleine dem Swami. Dieser zog ein Gesicht, wie Buster Keaton nach der Torte im Gesicht. Ich krümmte mich vor Lachen. Die letzten Tage waren nicht gerade lustig gewesen, so wirkte dieses Lachen sehr befreiend und lösend. Auch der Swami begann nun lauthals loszulachen. Das Kleine schaute verwundert mit grossen Augen und lächelte strahlend. Mir schmolz das Herz. Für eine kurze Sequenz lang waren wir alle drei glücklich. Es gab keine Vergangenheit, keine Zukunft, es gab nur diesen einen Moment der Gegenwart in bedingungsloser Liebe.

»Swami, ich behalte das Kleine! Ich füttere es mit Reismilch, Kokosmilch und Gemüsebrei, bestimmt gibt es im Dorf eine Amme die etwas Muttermilch übrig hat.«

»Eno, Eno, du hast ein grosses Herz! Ich glaube dir sogar, dass du das durchziehen würdest. Auch ich würde das Kleine am liebsten behalten. Vor einem halben Jahr stand ich zusammen mit Lisa schon einmal vor dieser Situation. Wir waren bei Amukaram essen, wieder zurück beim Baum, lag darunter ein Findelkind. Nach dem ersten Schock war Lisa hin und weg. Auch ich sah mich schon als Grossvater. Wir mussten aber beide schweren Herzens einsehen, dass es nicht möglich war, das Kind zu behalten. Lisa lebt illegal in Indien, ihr Touristenvisum ist seit Jahren abgelaufen. Auch ich habe keine Dokumente. Schlussendlich haben wir das Kind schweren Herzens in ein Waisenhaus gebracht.

»Was ist das für ein Waisenhaus, Swami, ist es dort einigermassen sauber und freundlich?«

»Es ist ein christliches Waisenhaus, mit weissgekleideten Schwestern, für indische Verhältnisse sehr sauber. Es herrscht eine friedliche, schöne Atmosphäre dort, ich denke, den Kindern geht es gut. Lisa und ich besuchen einmal im Monat unser Findelkind – wir haben es Surja getauft - ich freue mich jeweils riesig.«

»Ok, Swami, wir gehen mit dem Kind zur Strasse hoch und fahren mit einer Rikscha zu diesem Waisenhaus – es hat bestimmt bald Hunger und Durst, wir müssen uns ein bisschen beeilen, vorher wechseln wir noch die Windeln.«

Ich holte einen meiner alten Lungis, den ich gestern gewaschen hatte und zerriss ihn zu einer Windel und drei Waschlappen. Der Swami hielt das Kind in die Höhe, ich entfernte die alte Stoffwindel, die nass, verkotet und dreckig war – erst jetzt war ich hundertprozentig sicher, dass es ein Mädchen war. Ich wusch das Kleine untenrum mit den feuchten Waschlappen und legte ihm die neue, orangefarbige Windel an.

Das kleine Mädchen verhielt sich erstaunlich ruhig, es japste und gluckste einmal und strampelte ein wenig mit seinen Beinchen.

Zu guter Letzt bedeckten wir es mit einem Tuch und machten uns auf den Weg zur Strasse, der Swami voraus mit einer Taschenlampe, ich hintendrein mit dem Säugling in den Armen. Auf halber Distanz fing die Kleine an zu weinen.

»Swami, sie hat Hunger und Durst. Was sollen wir tun?

»Wir gehen zu Amukaram, er hat zwei Babys, vielleicht hat seine Frau etwas übrig.«

Amukaram und seine Frau Usha staunten verwundert, reagierten aber sehr gelassen. Nachdem der Swami kurz erklärt hatte, auf welche Weise wir zu dem Kind gekommen waren, reichte Usha der Kleinen ihre eigene Brust. Unser kleines Mädchen fand sofort den Anschluss und sog begehrlich die Milch. Nachdem es gesättigt war, wirkte es ganz zufrieden und glücklich, es lächelte sogar – uns schmolz allen das Herz.

Wir hielten eine Rikscha an und liessen uns zu dritt ins St. Thomas Children Home chauffieren. Nach kurzer Fahrt schon war das Kleine eingeschlafen, der laute Motor schien es dabei überhaupt nicht zu stören.

»Swami, das Kleine braucht einen Namen, ich möchte es nicht einfach so anonym abgeben. Es ist ein Mensch, es ist nicht einfach ein Paket auf der Post! Weisst du einen schönen indischen Mädchennamen?

»Aisha?«

»Aisha, klingt gut, Swami, ein sehr schöner Name.

Also kleines Mädchen, hör gut zu,« flüsterte ich ihr ins Ohr, »wir sind zwar nicht deine Eltern, wir sind nur zwei Verrückte mit einem grossen Herz. Im Namen Shivas und sämtlichen indischen Göttern taufen wir dich auf den Namen Aisha.«

Nach einer halben Stunde Fahrt erreichten wir das St. Thomas Children Home, wo wir die noch immer schlafende kleine Aisha der Oberschwester übergeben konnten. Sie reagierte sehr freundlich und verständnisvoll. Da der Swami mit der Oberschwester bekannt war, verlief die Übergabe der Kleinen problemlos und ohne Bürokratie, wir mussten weder ein Formular ausfüllen noch eine Unterschrift leisten. (Aisha lebt heute in Auroville, ist mit einem in Auroville geborenen Deutschen verheiratet und hat zwei Kinder. – Das kleine Mädchen hat trotz schwierigem Start seinen Weg gemacht, es ist eine wunderschöne Frau geworden. Sie arbeitet Teilzeit in einer Auroville-Boutique und führt ein harmonisches Familienleben – ich bin sehr stolz auf sie!)

Wir hatten Glück, Amukaram hatte seinen Foodstall noch nicht geschlossen, so konnten wir dort auf dem Rückweg noch eine Kleinigkeit essen. Während dem Essen erzählte ich dem Swami, wie ich einst im Peruanischen Dschungel ein kleines Mädchen vor dem Erstickungstod bewahrt hatte. Das war so:

Nach einem langen Tagesmarsch, mit schweren Rucksäcken für eine Woche Proviant, erreichten Jan und ich, mit Macheten den Weg durch den unwegsamen Peruanischen Urwald bahnend, den Rio Yuyapichis, wo wir gedachten, mit unseren mitgebrachten Goldwaschpfannen Gold zu waschen.

Völlig unerwartet sichteten wir am Flussufer drei halbverfallene, unbewohnte Hütten aus Brettern und Bambus, bedeckt mit Wellblechdächern. Die grösste der Hütten stand auf zwei Meter hohen Stelzen. »Oh, wie praktisch«, so mussten wir kein Lager bauen, im Stelzenhaus liess es sich geschützt vor gefährlichen Tieren schlafen. Am Meisten fürchteten wir uns vor Jaguaren.

In den beiden Hütten am Boden herrschte ein unglaubliches, müllbergartiges Chaos. Halbverrottete Kleider, Decken, zerfallene Möbel, kaputte Regale, zerbrochenes Essgeschirr und eine Unmenge verschiedener Tabletten Tuben und Fläschchen in halb verwesten Originalverpackungen Auf den vergilbten, feuchten, halbzerfressenen Büchern und Akten stand überall der Name Dr. Koepcke. Nachdem wir das ganze Gerümpel untersucht und durchwühlt hatten, kristallisierte sich langsam ein Puzzle-Bild heraus.

Da hatten wir doch durch puren Zufall die verlassene Urwaldforschungsstation des Herrn Dr. Koepcke entdeckt. Und dieser Doktor Koepcke war kein Unbekannter!

In den frühen 1970ger Jahren stürzte über dem Peruanischen Urwald ein Flugzeug ab. Knapp hundert Personen kamen dabei ums Leben. Wie durch ein Wunder überlebte Juliane Koepcke, die siebzehnjährige Tochter des Doktors als einzige leicht verletzt dieses

Unglück. Auch die Mutter von Juliane kam dabei ums Leben.

Zehn Tage lang kämpfte sich das tapfere Mädchen ohne Nahrung entlang einem Fluss durch den Urwald bis es per Zufall völlig entkräftet von Moskitostichen übersät zu einem Indio-Camp gelangte. Die Indios leisteten erste Hilfe und brachten sie anschliessend nach Pucalpa in ein Spital.

Diese Story ging damals durch die gesamte Weltpresse. Es gibt sogar ein Buch und einen Kino Film darüber.

Da hatten wir doch tatsächlich in diesem riesigen Dschungel Südamerikas per Zufall die verlassene Urwald Praxis des Herrn Dr. Koepcke entdeckt, die Panguana...Unglaublich!

Am zweiten Tag, nachdem wir uns einigermassen im Stelzenhaus eingerichtet hatten, versuchten wir es mit Goldwaschen. Die Arbeit war äusserst anstrengend und mühsam, wir beherrschten die Technik nicht wirklich. Zudem schwammen um unsere nackten Füsse dutzende kleiner Fische die uns die Hornhaut abknabberten, die etwas Kleineren kitzelten dabei und die etwas Grösseren zwickten. Entnervt gaben wir nach zwei Stunden das Goldwaschen auf. Gold hatten wir keines gefunden, aber dafür hatten wir jetzt blitzblanke Füsse.

Und jetzt, Swami, kommt die Rettungsstory: An einem Abend, kurz vor dem Eindunkeln, legte ein Kanu an unserer Stelle an. An Bord Mutter, Vater und deren etwa einjährige Tochter. Die Kleine schien grosse Atemschwierigkeiten zu haben, bekam fast keine Luft mehr und röchelte. Die Indios gaben uns zu verstehen, dass die Kleine einen Blutegel verschluckte, der sich nun im Hals angedockt hatte, sich mit Blut vollsog und immer wie dicker wurde. Das Kind drohte zu ersticken...Wow, das war starker Tabak!

Die Indios hofften, baten, fragten uns verzweifelt ob wir ihnen irgendwie helfen könnten???

Ich vergass meine wässrigen Augen und mein Mitleid – schnelles Handeln war nun angesagt. Durch meinen Körper schoss ein gewaltiger Adrenalinschub, Jan erging es ebenso ...Emergency case!

Vater und Mutter hielten das strampelnde Kind an den Armen und Beinen fest. Jan leuchtete mit der Taschenlampe. Ich versuchte den Mund der Kleinen zu öffnen, was kaum gelang, das Mädchen hatte einen unglaublich starken Biss, weigerte sich den Mund zu öffnen und schüttelte den Kopf wie wild. Zudem war es unmöglich, mit zwei Fingern in den kleinen Kindermund vorzudringen. Die ersten vier Milchzähne machten die Sache nicht einfacher, mein Zeigefinger war fast bis zum Knochen durchgebissen.

Plötzlich kam mir in den Sinn, dass ich ja eine Industriepinzette in meinem Gepäck hatte, zwanzig Centimeter lang. Vorne abgewinkelt, zum Glück nicht spitz sondern abgerundet. Ich sprintete zum Stelzenhaus, kramte die Pinzette aus meinem Gepäck.

Nun fixierte der Vater den Kopf der Kleinen zwischen die Kniee und hielt die Arme fest. Die Mutter hielt die Beine. Jan leuchtete mit der Taschenlampe. Nun versuchte ich abermals den kleinen Mund zu öffnen und dabei die Pinzette reinzuschieben, was einigermassen gelang. Die Kleine jedoch biss auf die Pinzette so dass die Zähne auf dem Metall knirschten, dazu sah ich wegen dem geschlossenen Mund überhaupt nichts.

Plötzlich hatte ich eine Eingebung, meine technische Ausbildung kam mir dabei zu Hilfe.

»Jan, wir brauchen ein Stück Bambusrohr, drei Centimeter lang, drei Centimeter im Durchmesser, innen hohl. Jan begriff sogleich was ich vorhatte. In Windeseile suchte er ein passendes Bambusrohr, zog seinen Survival-Dolch, der mit einer Säge versehen war und sägte blitzschnell das entsprechende Teil. Die Kleine bekam fast keine Luft mehr, hatte keine Kraft mehr sich gross zu wehren. Mühelos konnte ich ihr das Rohrteil in den Mund schieben, es passte wie angegossen, die Zunge lag schön unter dem Bambusstück, ich hatte freie Bahn.

»Eno, wenn das nicht funktioniert, habe einen Plan B, dann mache ich mit einer Rasierklinge einen Luftröhrenschnitt. Ich weiss wo und wie, ein Querschnitt genau oberhalb des Schlüsselbeins unterhalb der Gurgel.«- Dieser Jan...wow, ziemlich kaltblütig - Ich staunte, woher er das so genau wusste. Während Jan eine Rasierklinge holte und sie mit einem Feuerzeug und Merfen sterilisierte, leuchtete ich mit der Taschenlampe durch das Rohrteil in den Rachen und Hals des Mädchens. Die Sicht war besser als ich gedacht hatte...Da, deutlich konnte ich im hinteren Rachenraum etwas Schwarzes, glitschiges erkennen, dass da offensichtlich nicht hingehörte.

Sachte führte ich nun die Pinzette durch das Bambusrohrstück und bekam diesen Horror-Egel schon beim ersten Versuch zwischen die Zange. Ganz langsam zog ich die Pinzette zurück, deutlich konnte ich einen Widerstand spüren, es war als zöge ich an einem Gummiband. Plötzlich machte es plops...und dieser widerliche Egel war draussen.

Das kleine Mädchen tat einen riesigen tiefen Atemzug, der ganze Brustkorb blähte sich dabei auf. Die Eltern sanken auf die Knie und beteten. Jan und ich umarmten uns mit feuchten Augen.-Es war geschafft!

Wir waren beide froh, dass wir den Plan B nicht anwenden mussten. -Aber ich bin mir sicher, Jan hätte ihn ohne zu zögern umgesetzt. Unglaublich, Jan war damals gerade mal neunzehn Jahre alt und ich zwanzig. Jan war für sein Alter ein verdammt verwegener und cooler Bursche. Ohne ihn wäre ich im Dschungel verloren gewesen, hätte ich die Orientierung verloren. Selbstsicher und ohne Furcht stapfte er durch den Urwald als wäre er dort geboren. Ich meinerseits wusste schon lange nicht mehr, wo hinten und vorne, geschweige denn Norden oder Süden ist. Wenn ich ihn ab und zu verzweifelt fragte, ob er noch die Orientierung hätte, sagte er immer, in bestimmendem Ton: »Da geht's lang, die Sonne steht dort!« Ich meinerseits hatte keine Ahnung wo die Sonne überhaupt aufgegangen war oder wo sie untergehen sollte.

Well...Ich ergab mich der Situation und vertraute ihm einfach, ich wusste instinktiv, dass er es drauf hat.

Unsere ganze Rettungsaktion hatte etwa zwanzig Minuten gedauert, uns kam es vor wie eine Ewigkeit. Als uns der Vater von Rosa, so hiess die Kleine, etwas Geld zustecken wollte, lehnten wir bestimmt und dankend ab. Als er uns aber eine Zigarette anbot, griffen wir herzlich zu, denn uns war seit zwei Tagen der Tabak ausgegangen.-Es war die beste Zigarette meines Lebens!

Jan und ich luden die erschöpfte Familie ein, bei uns im Stelzenhaus zu übernachten. Dankend nahmen sie unser Angebot an. -Für dieser Nacht waren wir eine Familie. Lange konnte ich nicht einschlafen, das Adrenalin und die Glückshormone mussten sich erst legen.

Am Morgen verabschiedete sich die Indio-Familie von uns. Rosa, das kleine Mädchen sog schmatzend und zufrieden an der Mutterbrust, man sah ihr überhaupt nicht an, dass sie noch vor ein paar Stunden in höchster Lebensgefahr schwebte.

Die Indio-Familie lud uns ein, einige Tage in ihrem Dorf zu verbringen. Da ihr jetziges Kanu zu klein für uns alle miteinander war, wollte der Vater uns am übernächsten Tag mit einem grösseren Kanu abholen. Weil Jans Visum für Peru bald abgelaufen war und er zurück nach Lima musste, konnte er leider dieser Einladung nicht folgen. Ich meinerseits stand vor der Wahl, das Ding alleine durchzuziehen. Es war eine schwierige Entscheidung, aber irgendwie hatte ich keine Lust, mich in den nächsten zehn Minuten so plötzlich von Jan zu verabschieden.

Die Indio-Familie bestieg ihr Kanu und legte ab. Als die kleine Rosa uns zum Abschied strahlend anlächelte, wurde es uns ganz weh ums Herz. Ein Teil von mir wäre am liebsten mit ihnen mitgefahren.-Vielleicht würde ich noch heute glücklich in jenem Indio-Dorf am Fluss, im Urwald leben...Vielleicht wäre mir so einiges erspart geblieben...

Jan und ich machten uns am nächsten Tag auf den Rückweg. Ein Tagesmarsch quer durch den Urwald bis zu einem kleinen Dorf, von wo aus wir unsere Expedition gestartet hatten. Wir checkten in eine kleine Pension ein, eine Holzhütte mit Wellblechdach und einer Neonröhre, es war absolut trist. Wir gedachten mit derselben Cessna und dem Buschpiloten, mit dem wir schon gekommen waren wieder zurück nach Pucalpa zu fliegen. Es gab keine Strassenverbindung. Das Flugzeug oder ein Boot auf dem Fluss waren die einzige Aussenverbindung. So sassen wir den ganzen Tag am Flussufer warteten auf ein Motorengeräusch der Cessna oder ein Boot, das vorbeifuhr. Am Abend sassen wir immer noch dort. Die Indios vertrösteten uns auf 'Manana'. Zum Abendessen gab es Bohnen mit Spiegelei, das war das Einzige was man bekommen konnte. Zum Frühstück gabs Bohnen mit gekochten Eiern. Nachdem wir den ganzen Morgen am Fluss gewartet hatten, gabs zum Mittag Bohnen mit Rührei. Und am Abend natürlich wieder Bohnen mit Spiegelei. Ausser Eiern und Bohnen war in dem Dorf nichts aufzutreiben. Es gab nicht mal eine Scheibe Brot. Nach fünf Tagen hockten wir immer noch am Flussufer, warteten und assen dreimal am Tag Bohnen und Eier - Es war zermürbend! Am Abend kauften wir uns eine Fasche Pisco-Schnaps, das war das einzige, was man ausser Eiern und Bohnen noch bekommen konnte, setzten uns ans Ufer, rauchten Inca-Zigaretten und soffen die ganze Flasche weg. Spät nachts schwankten wir dann gröhlend in unsere tristen Bretterverschläge. Das erste, was ich erblickte, nachdem ich das Licht angezündet hatte...war eine grosse schwarze Tarantel die neben dem Bett auf dem Boden sass. Oh Schreck...auch das noch – Stockbesoffen mit einer Tarantel?! Nachdem ich fluchend dieses Viech durchs ganze Zimmer gejagt hatte, gelang es mir schliesslich, dieses Scheusal zu zertreten...Brrr...Am anderen Tag nach unserem Katerfrühstück aus Eiern und Bohnen, sassen wir wieder wartend am Fluss. Wir wunderten uns, dass wegen dieser eintönigen und kargen Nahrung niemand am Fischen war. Als wir die Einheimischen fragten, sagten die einfach,»Pescado no.« Und wenn wir nach einem Schiff oder Boot fragten sagten sie, »Manana«. Es war zum Verzweifeln!

Zwei Tage später hörten wir endlich die Motoren eines Flugzeuges...Es war unsere Cessna, die uns eine halbe Stunde über den Urwald nach Pucalpa flog! Mit an Bord eine dicke Indio-Dame mit zehn Hühnern in einer Holzkiste. In Pucalpa gab es dann endlich eine kulinarische Abwechslung. Wir hatten uns die letzten drei Wochen sehr eintönig und mangelhaft ernährt. Die Nudeln mit Hackfleischsauce erschienen uns wie ein Gericht aus einer anderen Welt.

Jan und ich blieben noch zwei Tage in Pucalpa, dann trennten sich unsere Wege. Zum Abschied schenkte er mir sein 'Dschungel-Bajonett', das ich heute immer noch besitze.

Leider, leider wurde später in Indien mein Adressbuch geklaut und ich konnte mich nie bei ihm melden. Seinen Nachnamen habe ich vergessen. Ich nehme an, auch sein Adressbuch ist irgendwie verloren gegangen, sonst hätte er sich bestimmt einmal gemeldet. (Damals gabs noch keine Smart- und Mobilephones). Ich würde viel darum geben, zu wissen was aus ihm geworden ist, ihn noch einmal zu sehen. Ich hoffe er hat ein angenehmes Leben.

Meinen Dschungelfreund Jan aus Deutschland, ich habe ihn nie vergessen!

Diese Geschichte Swami, habe ich noch nie jemandem erzählt, keiner Freundin und keinem Freund, du bist der erste Mensch dem ich sie erzähle«.

»Ich fühle mich sehr geehrt, Eno, das war wirklich eine aussergewöhnliche, packende Story, Solche Storys gibt's an keinem Stammtisch«...

Wieder unter dem Baum, legten wir uns nach diesem ereignisreichen Tag sogleich todmüde auf die Matten. Aber wie es manchmal so ist, ich hatte Mühe einzuschlafen. Aisha und Rosa waren im Moment noch zu present.

Da ich für die Hochzeitsparty nichts Passendes anzuziehen hatte, fuhr ich am nächsten Morgen erneut in die Stadt um mir ein geeignetes Outfit zu besorgen – wer sich die Beatles auf dem Roof-Garden leisten konnte, gehörte bestimmt zur indischen Uperclass, es war nicht unbedingt angebracht dort mit zerlatschten Plastikslippers, zerfransten Shorts und einem uralten T-Shirt einzufahren. Also kaufte ich mir in einer Boutique eine cool sitzende, königsblaue Hose, einen Ledergürtel, und ein gelbes Hemd. In einem Schuhgeschäft erstand ich ein Paar schwarze Schuhe mit silbernen Schnallen und ein Paar weisse Socken.

Nach dem Einkauf genehmigte ich mir in einer Bar eine Flasche Kingfisher-Bier und liess dabei die letzten Tage Revue passieren – nach der zweiten Flasche war ich ziemlich melancholisch drauf und auf einmal hundemüde, was nach den Ereignissen der letzten Zeit ja auch kein Wunder war. Am liebsten hätte ich noch eine dritte Flasche bestellt und mich so langsam unter den Tisch gesoffen – das entsprach zwar überhaupt nicht meiner Art, aber im Moment war mir alles egal ich wollte nur noch schlafen und vergessen!

Ich riss mich zusammen, bezahlte die Rechnung, setzte mich in eine Rikscha und fuhr zurück zum Baum. Dort haute ich mich sogleich auf die Matte und schlief mehrere Stunden tief und fest. Auch der Swami machte entgegen seinen Gewohnheiten einen ausgedehnten Nachmittagsschlaf. Die letzten Tage waren auch für ihn sehr hart gewesen – ich staunte ohnehin die ganze Zeit, was dieser zweiundachtzigjährige Swami so alles aushielt und durchmachte. Er hatte für sein Alter eine bemerkenswerte Kondition und Vitalität.

»Wenn ich nicht jeden Morgen mein Yoga-Programm machen würde, wäre ich ein alter, schwacher, gebeugter Mann am Stock«, sagte er – ich zweifelte keine Sekunde an seiner Aussage!

Endlich war es Samstag geworden, ich freute mich riesig auf das Beatles-Cover-Konzert, mochte kaum warten bis es Abend wurde. Auch der Swami freute sich sehr darauf, war ungeduldig wie ein Kind.

Am späteren Nachmittag duschte ich ausgiebig und wusch mir die Haare, danach stieg ich in meine neu gekauften Klamotten. Nach all den Wochen barfuss fühlten sich die Socken und neuen Schuhe seltsam eng und steif an. Zu guter Letzt schmierte ich mir, aus Mangel an Haargel, ein halbes Eiweiss in die Haare und formte eine coole Frisur.

Der Swami staunte ob meiner Verwandlung. In so einem Look hatte er mich noch nie gesehen.

Auch er zog für diesen festlichen Anlass einen neuen, orangefarbigen Lunghi an, dazu ein schwarzes Gilet. Seine Dreadlocks band er zu einem "Shiva-Knoten" über dem Kopf zusammen – er sah prächtig aus!

Am Abend dann kam Caterina vorbei um uns abzuholen. Auch sie hatte sich festlich gekleidet, sie trug einen engen Punjabi-Dress aus einem Gemisch von türkisblauer und violetter Seide, besetzt mit goldenen Stickereien, dazu goldfarbene Sandaletten. Sie hatte sich heute dezent geschminkt - ihre Ähnlichkeit mit Nofretete war frappant!

»Hallo Nofretete«, begrüsste ich sie, »du siehst heute absolut umwerfend und bezaubernd aus – Kompliment!«

»Gleichfalls, Eno, wow...du siehst aus wie Echnaton im Business-Look und du Swami wie der auferstandene Sokrates im Sonntagsgewand.«

So bestaunten wir uns eine Weile gegenseitig, alberten und scherzten miteinander, dann machten wir uns auf den Weg zum Weiler – der Swami mit seinem Dreizack!

Im Weiler erregten wir einiges an Aufsehen, alle staunten mit offenen Mündern und riefen: »Oh...ah und hey.« Um Caterina herum scharten sich die Frauen, die alle ihre Schönheit priesen und den Stoff ihres Kleides befühlen wollten.

Da der lange Dreizack in der Riksha keinen Platz fand, musste der Swami diesen schräg gegen oben aus dem Fenster halten. Auf der Fahrt kramte Caterina einen vorgedrehten Joint aus ihrer Handtasche, den wir zu dritt rauchten. Danach waren wir richtig gut drauf, alberten, witzelten und lachten, was das Zeug hielt. Ein Polizist, den wir passierten, hielt es anscheinend für ganz normal, dass da ein Dreizack einen Meter hoch aus der Riksha schaute. Auch der Verkehrspolizist der auf einem Podest stand, dem die Zacken quasi vor der Nase vorbeifuhren, zuckte nicht mit der Wimper – Shivas Dreizack schien tabu zu sein.

Auf dem Roof-Garden war die Hochzeitsparty schon in vollem Gange. Über hundert Gäste standen in kleinen Gruppen herum, bedienten sich am Buffet, oder sassen am Rand bei der Mauer auf Plastikstühlen. Alle Leute waren festlich gekleidet, die Frauen trugen teure Seidensaris, ein paar wenige hatten sich in westliche Marken-Jeans gewagt. Die Männer steckten in gestärkten Hemden und polierten Schuhen. Die Gäste schienen alle sehr jung und gut gebildet.

Caterina stellte den Swami und mich dem Brautpaar vor und überreichte ihnen als Hochzeitsgeschenk einen Stabmixer, den sie in goldenes Papier verpackt hatte. Die beiden waren sehr charmant und locker drauf, freuten sich sehr über den westlichen Besuch und das Hochzeitsgeschenk.

Die ganze Terrasse war mit Girlanden und kleinen bunten Glühlämpchen dekoriert. Vorne auf der kleinen Bühne, die von ein paar Spots beleuchtet wurde, standen drei uralte Röhren-Verstärker undefinierbarer Herkunft und ein betagtes, ramponiertes Schlagzeug.

Nachdem wir uns am reichhaltigen Buffet verpflegt hatten, fing das Konzert an.

Die indischen Beatles betraten in Sixties-Anzügen, Pilzfrisuren und umgehängten Gitarren die Bühne.

Ich war gespannt – die abgewetzten Gitarren schienen ihre besten Zeiten schon lange hinter sich zu haben, die zerbeulten Mikrofone glichen eher Wurfgeschossen...

Aber dann, *wham!*... legten die Jungs los – mit "Sgt. Peppers" als erstem Song.

Aus den alten Boxen dröhnte und wummerte der wahre Sixties-Sound – so mussten die Beatles zu ihren Anfangszeiten geklungen haben. Ich war begeistert – nach drei Monaten Musikabstinenz fuhr mir dieser Sound durch jede Körperzelle. Beim dritten Song "Back in the USSR" hätten Caterina und ich am liebsten losgetanzt, mussten uns aber gehörig zusammenreissen, da wir die Einzigen gewesen wären. Das indische Publikum wirkte etwas steif und prüde, die Gesichter strahlten zwar Freude und Begeisterung aus, aber ihre Körper liessen sich nicht bewegen, ein zaghaftes Wippen mit einem Fuss war schon das höchste der Gefühle. Beim fünften Song "Oh Darling" dachte ich – jetzt kocht der Laden – der Gitarrist spielte das Riff bis zur Ekstase, der Drummer wirkte schon nicht mehr irdisch, der Sänger gab voller Inbrunst seine ganze Seele...Das indische Publikum stand da wie angewurzelt. Nur an den verklärten Gesichtern, den strahlenden Augen und am frenetischen Applaus konnte man erkennen, dass es ihnen voll einfuhr.

Auch der Swami ging voll mit, das Konzert gefiel ihm ausserordentlich, er stützte sich auf seinen Dreizack, wippte mit dem Fuss und schüttelte ab und zu die Dreadlocks.

Die Band wirkte wirklich gut geoelt, spielte sehr *tight* und kompakt. Die Musiker verstanden ihr Handwerk.

Auf der Dachterrasse war es sehr warm, in ihren Polyester- Jackets waren die Jungs nach zwanzig Minuten durchgeschwitzt, die Pilzfrisuren klebten, vom Kinn tropfte der Schweiss.

Nach knapp zwei Stunden war das Konzert der indischen Beatles beendet, die Band fix und fertig. Nach einem langen tosenden Applaus spielten die Jungs noch "Yellow Submarine" und "I am the Walrus" – es war wirklich grossartig! – Cover-Bands sind nicht unbedingt mein Ding, aber das hier war für mich keine Cover-Band. Für mich waren es die indischen Beatles! Und ich bin heute noch stolz, dass ich sie sehen durfte.

Es war Sonntagmorgen, der Swami und ich chillten aus, assen gemütlich Frühstück, diskutierten und sprachen über dies und jenes.

»Wie eigentlich, Swami, ist das Leben auf diesem Planeten entstanden, diese ganze Vielfalt und Biodiversität? Aus ein paar Moosen und Flechten können doch nicht Tannen, Melonen und Palmen entstehen. Aus ein paar Aminosäuren mutieren Fische, Käfer und Dinosaurier und zu guter Letzt der Mensch? Irgendwie fehlt mir in Darwins Lehre ein Link. Du hast einmal gesagt, es gibt keinen Zufall – wenn es also keinen Zufall gibt, muss es einen Plan geben!«

»Richtig Eno, der grosse Geist hat einen Plan – er ist nicht am Würfeln!

Stell dir vor, Eno, vor ein paar Milliarden Jahren war unsere Erde ein vulkanspeiender, glühender Lavaplanet, der andauernd von Meteoriten bombardiert wurde. Diese Meteoriten bestanden zum grössten Teil aus Eis. Dieses Eis zerschmolz auf der heissen Erde, es entstand Wasser und Dampf, der Dampf kondensierte und regnete nieder. Unser Planet kühlte langsam ab, die Erdkruste wurde fester, an den tiefsten Stellen sammelte sich das Wasser zu Seen und Ozeanen – so kam das Wasser auf unseren Planeten. Das Wasser, das wir tagtäglich trinken, besteht eigentlich aus aufgetauten Meteoriten.

Und jetzt kommt der Clou, Eno, diese Eismeteoriten enthielten gewisse Sporen und Samen, die mit dem nötigen Wasser keimten und sich vermehrten. Diese Eismeteoriten transportierten aber auch gewisse Larven und Eier, aus denen Leben schlüpfte, das sich im Wasser, zu Land und in der Luft vermehrte. Als eine einfache Infrastruktur und ein einfacher Bio-Lebenskreislauf geschaffen war, bekam die Erde Besuch von exterestrischen Archen, welche die Dinosaurier und unsere Urtiere mitbrachten.«

»Wozu, Swami, waren eigentlich diese Dinosaurier hier und wieso mussten sie alle sterben, was macht das für einen Sinn?«

»Die Dinosaurier waren für die Entwicklung der Erde sehr wichtig, sie schufen einen grossen Teil des Humus, verbreiteten Samen und versorgten die Pflanzen mit Stickstoff. Stell dir vor, eine Dinosaurierherde verdrückt zu Mittag einen Hektar Wald, wandert dann zehn Kilometer weiter und scheisst dort den verdauten Wald wieder raus – fünf Tonnen Kompost mit unverdauten Samen, die auf diesem Nährboden ideal keimen konnten. Die Dinosaurier atmeten den Sauerstoff ein, den die Pflanzen abgaben und atmeten den Stickstoff aus den die Pflanzen brauchten. Die Dinos besassen grosse Lungen. Mit zwei Atemzügen verwandelten sie hundert Liter Sauerstoff in Stickstoff. Sie schufen einen Grossteil der Uratmosphäre.

Die Dinosaurier beherrschten die Erde eine Milliarde Jahre lang – da kommt einiges an Kompost und Stickstoff zusammen!

Der Einschlag eines riesigen Astroiden bedeutete das Ende der Saurier. Der Einschlag löste eine gigantische Flutwelle aus, die auf weiten Teilen der noch neuen Erde sämtliches Leben auslöschte. Um die Erde bildete sich jahrelang eine dicke Staubwolke, lange Zeit sah man die Sonne nicht mehr, es wurde um einiges kühler. Die Saurier waren Kaltblütler, sie vertrugen die niedrigen Temperaturen nicht. Zudem wurde die Nahrung knapp, mangels Sonnenlicht gingen viele der Pflanzen, welche die Saurier frassen ein oder verkümmerten. Zudem war die dicke, staubige Luft kaum zu atmen, ihre Atemwege und die Lunge verstopften. Alle diese Faktoren bedeuteten das Ende der Saurier. Viele der wenigen Ursäugetiere überlebten die Katastrophe, sie waren weniger temperaturabhängig, brauchten kleinere Mengen an Nahrung. Da ihre Atmung flacher war, weniger Sog hatte, die Nasenlöcher viel kleiner und mit feinen Filterhärchen ausgestattet waren, konnte ihnen die staubige Luft weniger anhaben.

Nachdem sich die Erde von dieser Katastrophe erholt hatte, landeten erneut exterrestrische Archen und brachten die Vorfahren vieler unserer Säugetiere, Fische und Vögel – sie brachten auch den Vorfahren des modernen Menschen.

Am siebten Tag betrachtete der grosse Geist seine Schöpfung und war mit seinem Werk zufrieden! – Die Erde war befruchtet.«

»Wow, Swami, das ist ja eine ganz neue Evolutionstheorie, ich weiss nicht, ob der Papst und Darwin daran Freude hätten...«

»Bei meiner Theorie Eno, erübrigt sich die Frage, ob zuerst das Ei oder der Dino da war. Auf diese Frage haben unsere Wissenschaftler immer noch keine Antwort.

Das Leben auf diesem Planeten ist exterrestrischen Ursprungs!

Der grosse Geist befruchtet auf seine Art und Weise das Universum!«

Nach einem reichhaltigen Mittagessen legten wir uns auf die Matten und taten ein Nickerchen. Der gestrige Abend war lang gewesen, wir waren beide müde. Ich sinnierte noch ein bisschen an Swamis Evolutionstheorie herum, liess die Beatles Revue passieren und schlief seelenruhig ein.

Plötzlich heulte, dröhnte, knatterte und lärmte es ohrenbetäubend, wir wurden richtiggehend aus dem Schlaf katapultiert. Sand und Blätter flogen durch die Luft - wir schnellten wie Federn von den Matten, hielten uns mit den Händen die Ohren zu und stürzten uns panikartig ins Freie.

Am Himmel erblickten wir drei indische Militärhelikopter, welche hintereinander im Tiefflug knapp über unseren Baum flogen. Ihre Kufen streiften fast die Krone. Unser Baum sah dabei aus, als würde ein Hurrikan in ihn hineinfahren. Wir wurden vom Wind fast weggeblasen.

Nach ein paar Sekunden war der ganze Spuk vorbei. Nur das Bussardpärchen flatterte noch verstört und aufgeregt um seine Palme, ein Wunder, dass ihr Nest samt den Jungen oben geblieben war.

»Die spinnen ja«, schrie der Swami entrüstet mit den Armen, fuchtelnd, »so tief zu fliegen, die sind ja völlig bescheuert, diese Idioten!«

Auch ich gebrauchte einige Kraftausdrücke, hob einen Stein auf und schmiss ihn in Richtung der Helikopter.

Als wir uns wieder etwas beruhigt hatten, begaben wir uns zurück unter den Baum. Unsere Kleider, Schlafmatten, das Essgeschirr, alles war durcheinandergewirbelt und fortgeflogen, meinen Trinkbecher fand ich nach einigem Suchen im Geäst des Baumes wieder.

Wir konnten uns nicht erklären, wieso die Helikopter so tief dem Strand entlangflogen – vielleicht eine Übung, ein Manöver, oder vielleicht wollten die Piloten einfach ein bisschen Spass haben!

»In Los Angeles, Swami, bin ich einmal von zwei Polizei-Helikoptern verfolgt worden.«

»Oh ja, erzähl mir wieder einmal eine deiner Amerika-Geschichten, gestern sind wir ja wegen den Beatles nicht dazugekommen.«

»Also das war so: Ich lebte eine Zeit lang in Los Angeles, wo ich als Techniker in der Raketenindustrie arbeitete. An einem Wochenende, es war später Samstagnachmittag, beschloss ich spontan, mit dem Motorrad raus aus der Stadt in die Berge zu fahren, um dort zu übernachten. Ich schnallte den Schlafsack und die Isomatte aufs Motorrad, strich ein paar Sandwiches, kochte eine Thermoskanne Kaffee, schnappte die restlichen zwei Büchsen Bier aus dem Kühlschrank und fuhr los aus der stickigen, smogigen Stadt, weg in die Natur.

Langsam die Stadt hinter mir lassend, kurvte ich den Box Canyon hoch. An einer geschützten Stelle, von der Strasse nicht sichtbar, parkte ich mein Motorrad. Zu Fuss ging ich einen kleinen Pfad entlang weiter. Das Gelände war leicht hügelig, bewachsen mit fast kniehohem Gras, überall lagen grosse Felsbrocken herum. Nach einer Weile kam ich an zwei einsamen Häusern vorbei. Aus dem einen kläffte und bellte ein Hund wie wild. Nach den Häusern wurde das Gelände steiler, felsiger, der Fusspfad verlor sich langsam. Nach einigem Suchen fand ich einen flachen, gemütlichen Platz auf einem riesigen Felsen, wo ich beschloss zu übernachten. Ich rollte die Isomatte und den Schlafsack aus, setzte mich im Schneidersitz darauf, ass zwei Sandwiches, trank dazu eine Büchse Bier, genoss die Sille und Ruhe die mich umgab. Inzwischen war es gänzlich dunkel geworden, das riesige, unendliche Lichtermeer von Los Angeles funkelte und glitzerte. Am Horizont traf es mit dem leuchtenden Sternenmeer zusammen – es war überwältigend!

In weiter Ferne sah ich zwei Helikopter aufsteigen. Ich machte mir keine grossen Gedanken, es war nichts Aussergewöhnliches, in L.A. flogen jeden Tag Helikopter über der Stadt. Ich vermutete, dass es Polizeihelikopter waren. Die zwei Helis bewegten sich ungefähr in meine Richtung, wurden langsam immer grösser. Vielleicht gab es irgendwo einen Unfall, einen Raubüberfall oder eine Verfolgungsjagd. Langsam bewegten sich die Helis aus dem bewohnten Stadtgebiet Richtung Box Canyon auf die Hügel zu.

Seltsam, dachte ich, was die wohl suchen? Da musste hier ganz in der Nähe etwas los sein – vielleicht ein Autounfall auf dem Box Canyon? Und wie ich da so rumsinnierte, waren die beiden Helis auf einmal mehr oder weniger im Tiefflug über mir. Plötzlich schalteten sie ihre Suchscheinwerfer ein. Der eine Felsbrocken, ein paar Meter vor mir, stand voll im Lichtkegel, taghell beleuchtet. Verdammt nochmal! Schlagartig erfasste ich die Situation – das durfte doch nicht wahr sein...Ich war der Grund ihrer Suche! - Vermutlich hatte jemand aus den zwei letzten Häusern, wo der Hund so gekläfft hatte, die Polizei verständig und gemeldet, es strolche da einer in den Hügeln herum. Möglicherweise war kürzlich ein Sträfling entwischt, die Bullen dachten, mal sehen, was dort oben los ist.

In Sekundenschnelle stopfte ich den Schlafsack und die Thermoskanne in den Rucksack. Die Isomatte in der einen, den Rucksack in der anderen Hand, sprang ich von meinem Felsen herunter. Die Helis begannen nun mit ihren Scheinwerfern das ganze Gebiet systematisch abzusuchen. Hastig versteckte ich mein Gepäck unter einem kleinen Strauch. Einer der Lichtkegel bewegte sich genau auf den Strauch zu. Ich hechtete zu einem Felsbrocken, landete dort auf allen Vieren. Auf dem Bauch liegend, presste ich mich auf den Boden, so nah wie möglich an den Felsen. Der Strauch mit meinen Sachen darunter war in helles Licht getaucht. Der Scheinwerfer verpasste mich um einen halben Meter.

Der kleine Felsen bot nicht genug Deckung, ich rappelte mich hoch, sprintete zu ein paar Felsbrocken. Schon wieder näherte sich mit ohrenbetäubendem Motorengeheul ein Heli, ich musste mich abermals zu Boden werfen. Diesmal streifte mich der äussere Rand des Lichtkegels. Für zwei, drei Sekunden stand ich voll im Licht...Scheisse, jetzt haben sie mich gesehen! Erneut rappelte ich mich hoch, rannte auf die Felsen zu. Dort angekommen, streifte mich abermals ein

Lichtkegel. Ich dachte: Jetzt ist es aus, aber sie schienen mich wieder nicht entdeckt zu haben. Vielleicht lag das an meiner braunen Hose, meinem grauen Hemd. Aber auch diese Felsen boten nicht genug Deckung. Gebückt rannte ich zu einer weiteren Felsengruppe...Ich hatte Glück, drei der Steine lagen so aufeinander, dass sich zwischen ihnen eine kleine Höhle bildete, mit den Füssen voran kroch ich hinein. Es gab gerade genug Platz, dass ich dort in Embryostellung kauern konnte. Draussen wurde es taghell, die Motoren heulten, die Rotoren flatterten, Sand wirbelte in meine Höhle. einer der Helis schwebte genau über meiner Felsengruppe. Vielleicht hatten sie mich vorhin doch gesehen?... Nach einer Weile drehte der Heli jedoch ab. Hoffentlich landen sie nicht, suchen die Gegend mit Polizeihunden ab, ging mir durch den Kopf. Doch nichts von alldem geschah. Noch einige Zeit lang suchten die beiden Helis die ganze Gegend ab, dann gaben sie auf und flogen langsam Richtung Stadt davon. Mit den Augen verfolgte ich sie, bis sie irgendwo im Lichtermeer von Los Angeles verschwanden. Ein Stein fiel mir vom Herzen, ich atmete auf! Eine Weile wartete ich noch, getraute mich nicht aus meinem Versteck...Die Helikopter kamen nicht mehr zurück, auch sonst blieb alles ruhig. Dann erst wagte ich mich aus meiner Höhle heraus, holte unter dem Busch mein Gepäck hervor, begab mich zurück zu meinen Aussichtsplatz auf dem Felsen, trank mein restliches Bier. Irgendwann kroch ich in meinen Schlafsack und schlief friedlich ein.

Genau zum Sonnenaufgang wachte ich auf, ass mein letztes Sandwich, leerte die Thermoskanne Kaffee, genoss den Sonnenaufgang über der noch schlafenden Stadt. Danach machte ich mich auf den Heimweg. Weil ich mir sicher war, dass jemand von den zwei letzten Häusern aus, an denen ich vorbeigekommen war, die Polizei verständigt hatte, getraute ich mich auf dem Rückweg dort nicht mehr vorbei. Es führte jedoch sonst kein begehbarer Weg zur Strasse, so musste ich den halben Berg in einer ziemlich waghalsigen Tour umklettern.

Hoffentlich hatten die Bullen mein Motorrad nicht entdeckt, keinen Posten dort stationiert! Mit meinem Nummernschild aus Texas war ich sowieso schon halb verdächtig, einen Führerschein besass ich auch nicht, mein Touristenvisum war seit einem halben Jahr abgelaufen – das konnte böse enden! Mit einem mulmigen Gefühl schlich ich mich zurück zu meinem Motorrad...Zum Glück, es war niemand da, alles schien unversehrt. Mit dem ersten Kick sprang der Motor an, langsam fuhr ich den Box Canyon hinunter – keine Strassensperre, keine Kontrolle, kein Bullenauto im Rückspiegel. Es war Sonntagmorgen, sieben Uhr, auf dem Box Canyon herrschte null Verkehr. Richtig wohl war mir aber erst, als ich in den Highway einspurte, die Bergstrasse hinter mir wusste – ich konnte ja nicht ahnen, dass die Bullen vier Tage danach auf meiner Matte stehen würden, wenn auch aus einem ganz anderen Grund.«

»Wow, das klingt spannend, Eno, erzähl!«

»Vier Tage später, als ich abends von meiner Arbeit nach Hause kam, sass George, ein Freund aus der Schweiz, mit dem ich unser Appartement teilte, mit zwei *freakig* aussehenden Typen in unserem Wohnzimmer. Aha, Besuch, dachte ich, wahrscheinlich Arbeitskumpel, die auf ein Feierabendbier vorbeischauen.«

Ich begrüsste die beiden, die sich als Mike und John vorstellten, setzte mich auf den noch freien

Polstersessel. Ich wunderte mich ein wenig, wieso keine Drinks auf dem Tisch standen, und warum George zwischen den beiden auf unserem kleinen Sofa sass.

Möchtest du einen Joint rauchen? fragte Mike, der verwaschene Jeans, ein ausgeblichtes Hawaiihemd, eine getönte Sonnenbrille, sowie fettige, halblange Haare trug.

Oh ja, gerne, erwiderte ich, nach einem harten Arbeitstag gibt's nichts Besseres!

Mike zog ein Lederetui aus seiner Brusttasche, welches er aufklappte und mir entgegenhielt. Dabei nuschelte er irgendetwas von L.A. Narcotic Police. Ich war etwas irritiert, als ich statt der erwarteten *Rizla Papers* auf einen silbernen Sheriffstern sowie auf einen vergammelten Ausweis blickte.

Der Typ will mich wohl verarschen, dachte ich, einen solchen Blechstern bekomme ich in jedem Spielzeugladen. Wir sind doch nicht mehr im Wilden Westen! Der will wohl einem Greenhorn aus Europa ein bisschen Angst einjagen.

Unbeeindruckt schaute ich auf den Sheriffstern und sagte: ›Was für ein toller Witz, Mann, mich kannst du damit nicht erschrecken. Als kleiner Junge trug ich an meinem Faschingskostüm auch so ein Ding.‹

›Das ist kein Witz! Das ist ein Original-Sheriffstern und ein Original-Polizeiausweis,‹ behauptete Mike in rechtfertigendem Ton.

›Ach komm, winkte ich lachend ab, wenn du mit mir einen Joke machen willst, musst du das schon ein bisschen smarter tun. Du denkst wohl, ich bin erst seit gestern in den Staaten! Dein angeblicher Polizeiausweis sieht eher nach einem abgelaufenen Schwimmbadabonnement aus!‹

Die zwei angeblichen Polizisten blickten sich ungläubig an. George schaute betreten. So, denen hab ich's cool zurückgegeben, dachte ich, die denken wohl, wir Europäer seien naiv!

›Was hast du da für zwei komische Kerle mitgebracht,‹ fragte ich George auf schweizerdeutsch, ›sind das deine Arbeitskumpel?‹

›Eno, du Depp, das sind Zivilfahnder von der Drogenpolizei, verstehst du?!‹

›Ach komm, diese zwei strähnigen *Freaks* sehen eher aus wie Ex-Junkies – Ihr drei habt euch abgesprochen,‹ sagte ich wieder auf Englisch, ›wollt mit mir euren Spass haben. Hört endlich auf mit der Alberei – lasst uns ein Bier trinken und rauchen!‹

Irgendwie wollte ich den Ernst der Lage einfach nicht wahrhaben. Nun packte mich John, der bis jetzt noch nichts gesagt hatte, an den Schultern, schüttelte mich und schrie: ›Das ist kein Witz, *goddammed*, das ist *fucking reality*, verstehst du! Wir verhaften euch beide wegen Besitz und Anbau von Marihuana!‹

Mein Freund sah sehr bedrückt und ernst aus – langsam dämmerte mir, dass die Lage anscheinend wirklich ernst war.

›Wo hast du dein Gras versteckt?‹ herrschte mich der Cop an. ›Besser, du sagst es uns, sonst nehmen wir den ganzen Laden hier auseinander!‹ drohte er. ›Dein Freund war so smart, uns das Seinige auszuhändigen.‹

›Da drüben in der Schublade,‹ antwortete ich, auf unsere Kommode deutend. Der Cop öffnete die Schublade, nahm triumphierend mein Plastiksäckchen mit einigen Gramm Gras heraus.

›Ist das alles oder hast du irgendwo noch mehr versteckt?‹ wollte er wissen.

›Das ist alles,‹ versicherte ich ihm.

›Anbau von Marihuana wird in Kalifornien streng bestraft,‹ meinte der Cop, auf unseren Fenstersims deutend, wo wir ein kleines Blumentöpfchen in der Grösse eines Joghurtbechers mit einer Hand voll Erde und drei mickrigen, kaum zehn Zentimeter grossen Wasserschösslingen stehen hatten.

Trotz der Tragik musste ich innerlich lachen. "Marihuanaanbau" konnte man diese drei Kümmerlinge ja wirklich nicht nennen – aber Gesetzeshüter sind eben manchmal kleinlich und stur! Mit einer Schere schnitt der Cop die drei Winzlinge ab, welche er mit ernster Miene als "Corpus Delicti" in einem Plastiksäckchen versorgte. Nun musste ich mich mit dem Gesicht zur Wand umdrehen, und die Hände hochhalten, dabei wurde ich nach Waffen abgetastet. Es machte klick...ehe ich mich versah, schnappte eine Handschelle an meinem rechten Handgelenk zu. George bekam den anderen Teil der Handschelle um sein linkes Handgelenk – so aneinandergekettet wurden wir abgeführt und mit dem Polizeiauto ins Polizeipräsidium gefahren.

Unterwegs fragten uns die Cops, wo wir arbeiteten und wieviel Geld wir pro Stunde verdienten.

›Als Techniker bei Space Vector Cooperation für 15 Dollar die Stunde,‹ antwortete ich.

›Als Elektroniker bei Rockwell International für 13 Dollar die Stunde,‹ antwortete George.

Die beiden Cops waren sichtlich beeindruckt und staunten mit offenem Mund, erklärten dass sie nur zehn Dollar die Stunde erhielten. ›Nicht gerade überbezahlt diese L.A. Cops,‹ dachte ich für mich, für zehn *Bucks* die Stunde bei der Drogenfahndung?!

In diesem Augenblick drehte sich, obwohl die Bullen im Moment am längeren Hebel sassen, die hierarchisch-soziale Stellung. Wir waren gut ausgebildete Berufsleute, arbeiteten in internationalen Konzernen, sie waren letzten Endes *Looser,* denen nichts Gescheiteres einfiel, als für zehn Dollar die Stunde friedliche Kiffer zu verhaften.

Das Polizeipräsidium glich einem riesigen Grossraumbüro mit einem Labyrinth von Trennwänden und Gängen. Nachdem die Bullen uns die Handschellen abgenommen hatten, mussten wir in einer Ecke an einem Tisch Platz nehmen. Die Cops offerierten Zigaretten und Kaffee. Wir wurden befragt und verhört. Natürlich fanden die Cops heraus, dass unsere Touristenvisa schon längst abgelaufen waren, dass wir illegal arbeiteten, keine Motorradlizenz besassen. Dazu kam noch der Besitz und Anbau von Marihuana.

›Da kommt einiges zusammen,‹ meinten die Cops am Schluss.

Scheu fragte ich, wie hoch die Strafe wohl ausfallen werde.

›Ihr müsst wahrscheinlich beide ins Gefängnis,‹ antworteten die Bullen trocken.

George wurde bleich wie ein Käse, mir drehte sich fast der Magen um. Im Geiste sah ich mich schon in einem dieser brutalen, hierarchischen, amerikanischen Gefängnisse sitzen, zusammen mit Mördern, Schwerverbrechern und Streetgangmitgliedern. Ich wusste, dass ich dort als behütetes Jüngelchen aus der Schweiz keine Chance hatte – mein Leben war kaputt und verpfuscht. Ich war gerade mal 21 Jahre alt, an meine Eltern durfte ich dabei gar nicht erst denken...

Die Beamten konfiszierten unsere Pässe, erklärten, wir würden in den nächsten Tagen eine gerichtliche Vorladung bekommen, dann liessen sie uns laufen. Niedergeschlagen und bedrückt fuhren wir mit dem Bus nach Hause. Dort überlegten wir uns, illegal über die grüne Grenze nach Mexico oder Kanada abzuhauen. Wir verwarfen jedoch diese Idee als zu riskant und zu gefährlich und beschlossen, erst einmal die Gerichtsvorladung abzuwarten. Am anderen Tag begaben wir uns, als ob nichts geschehen wäre, ganz normal zur Arbeit. Nach zwei Wochen bekamen wir per Post die Gerichtsvorladung zugeschickt, welche schon auf drei Tage später angesetzt war.

Pünktlich zur angegebenen Zeit, um neun Uhr morgens, trafen wir beim California State Court ein. Vorsichtig klopfte George an die Türe des Gerichtssaales. Nach einer Weile öffnete uns ein Uniformierter. Wir staunten nicht schlecht: mit dem Rücken zu uns gewandt sassen etwa hundert Leute auf langen Holzbänken, alles Männer. Vorne im Saal stand ein erhöhtes Pult, an dem ein Richter sowie zwei andere Typen sassen, alle drei in schwarzglänzender Amtstracht. Der Uniformierte verwies uns, nachdem er die Gerichtsvorladung gesehen hatte, auf zwei freie Plätze in der hintersten Bankreihe.

Es verging geraume Zeit bis wir gecheckt hatten, dass die vielen Leute nicht Zuschauer, sondern alles Angeklagte wie wir waren. Offenbar fand gerade Appell der Anwesenden statt. Der Richter war bereits beim Buchstaben F im Alphabet angelangt, es konnte also nicht mehr lange dauern, bis ich an die Reihe kam. Und richtig...nach vier, fünf weiteren Namen rief die Stimme des Richters: ›Glas Eno!‹ Ich bezeugte durch kurzes Aufstehen und einem "Yes" meine Anwesenheit.

Nach dem Appell begann die eigentliche Gerichtsverhandlung. Jeder Angeklagte wurde erneut aufgerufen, musste sich nach vorne begeben und dort drei Meter vor dem Richterpult auf einer Bodenmarkierung stehen bleiben. Ein Gerichtsfall dauerte jeweils etwa fünf Minuten. Die zwölf, dreizehn Angeklagten, die vor mir an der Reihe waren, wurden wegen relativ geringer Delikte wie Hausfriedensbruch, Drogenkonsum, Trunkenheit am Steuer angeklagt. Einige Mexikaner wurden wegen illegalem Aufenthalt sowie Schwarzarbeit des Landes verwiesen. Das hiess, umgehend nach der Verhandlung deportierte man sie in Bussen zurück an die mexikanische Grenze. George und ich schauten uns bange an. Dann kam ich als Erster von uns beiden auch schon an die Reihe.

›Glas Eno, bitte vortreten!‹ rief der Richter.

Wie in Trance stand ich auf, schritt mit weichen Knien zum Richterpult. Auf der Markierungslinie, drei Meter davor, blieb ich stehen. Der Richter musterte mich kurz, nach einem Blick in den Akten erhob er seine Stimme.

›Mr. Eno Glas, *citizen of Switzerland*, Sie sind angeklagt wegen des Besitzes sowie Anbaus von Marihuana, wegen illegalen Aufenthalts und illegalen Arbeitens in diesem Land. Zudem fahren Sie illegal, ohne im Besitz eines Führerscheins zu sein, eine 500 ccm Honda. Bekennen Sie sich zu diesen Delikten *guilty* oder *not guilty*?‹ wollte der Richter wissen.

Meine Englischkenntnisse waren damals begrenzt, der Richter redete sehr schnelles Amtsenglisch – ich verstand nur Bahnhof. Was zum Teufel hiess "*guilty*"? Ich hatte keine Ahnung, was sollte ich jetzt antworten?

Also sagte ich, um irgendetwas zu sagen, in ziemlich breitem Schweizerenglisch: ›It's the first time in my life, I was smoking Marihuana.‹

Der Richter schaute mich mit grossen Augen und schiefem Mund an. Hinter meinem Rücken erscholl schallendes Gelächter und Gejohle der andern Angeklagten, einige pfiffen, ja grölten sogar. Ich spürte den Schweiss aus den Achselhöhlen tropfen, wurde rot im Gesicht... Am liebsten hätte ich mich in einem Loch verkrochen! Das war wohl die dümmste Antwort, die ich geben konnte. Der Richter klopfte mit dem Hammer aufs Pult und befahl Ruhe – mir war es nur noch peinlich!

›Verstehen Sie Englisch oder brauchen Sie einen Dolmetscher?‹ fragte er mich.

›*I understand English, I don't need a translator,*‹ antwortete ich unbeholfen.

›Ok,‹ sagte der Richter, ›plädieren Sie auf *guilty* oder *not guilty?*‹

O shit, schon wieder dieses *guilty*, was hiess das bloss? Natürlich wusste ich auch nicht, dass *plead* plädieren heisst, für mich klang es wie *play*. Was nur sollte ich sagen? Ich hatte ein komplettes Blackout!

Hinter meinem Rücken raunten die anderen Angeklagten leise: ›Sag *guilty*, sag *guilty*, sag *guilty*!‹ Also sagte ich einfach *guilty*. Der Richter schien zufrieden mit dieser Antwort. Er fragte mich, was einem Amerikaner mit denselben Delikten in der Schweiz passieren würde. Ich verstand, was er meinte, antwortete: ›*I think he will get deportet.*‹

Der Richter grinste breit, entgegnete triumphierend: ›*In this Country you will only get a penalty of one hundert Dollar – what a great place we are. God bless*

America! I recommend you not to leave the US for the next 10 Years, because you could have trouble by departure!‹

Der Richter haute dreimal mit dem Hammer auf den Tisch, erklärte meinen Fall als erledigt. Zum Schluss überreichte er mir einen Zettel, auf den er seine Unterschrift, sowie einen Stempel gesetzt hatte, dabei sagte er ich solle mich im *Room Nr. 101* melden...Die anderen Angeklagten applaudierten und johlten – ich begriff und verstand die Welt nicht mehr...Ziemlich verwirrt verliess ich den Gerichtssaal. Im Flur wartete ich auf George. Nach zwanzig Minuten kam auch er.

›Eno, du bist vielleicht eine durchgeknallte Nummer, sagte er lachend, völlig neben den Schuhen, da hast du aber Glück gehabt dass sie dich nicht wegen Doofheit verhaftet haben.‹

›Was verdammt heisst *guilty* und *not guilty*?, fragte ich ihn verzweifelt.‹

›Schuldig oder nicht schuldig!‹ erklärte mein Freund, mir aufmunternd auf die Schulter klopfend. ›Wenn du auf unschuldig plädiert hättest, wäre das Verfahren weitergezogen worden. Du hättest deine Unschuld beweisen müssen, mit einem Anwalt, das wäre langwierig und teuer geworden...‹

›Wieso hast du mir eigentlich im Vorfeld nichts davon gesagt, wenn du schon alles so genau weisst?‹

›Ich habe leider erst nach deiner Verhandlung gecheckt, wie das Ganze abläuft. Als du dort vorne vor dem Richter standst, habe ich Blut geschwitzt und für dich gebetet, und ich habe verdammt lange nicht mehr gebetet! Trotz allem haben wir Schwein gehabt, auch ich muss nur hundert Dollar Strafe zahlen.‹

Wir mussten kurz unser Gespräch unterbrechen und einen Schritt zur Seite tun, denn ein Schwarzer skatete auf dem Flur des Gerichtsgebäudes an uns vorbei. Als er mich erblickte, grinste er breit und rief: ›*Cool man, you are so kiddy!*‹

Ich grinste verlegen zurück und dachte: *Shit man!*

›Übrigens, Eno, hast du gewusst, das Zimmer 101 ist in George Orwells Roman 1984 die Folterkammer, genannt, das "Ministerium für Liebe".‹

›Habe ich nicht gewusst, ist mir auch scheissegal, hoffentlich foltern sie dich zuerst.‹

Nachdem wir *Room Nr. 101* gefunden hatten, klopften wir dort an die Türe. ›Herein,‹ rief eine freundliche Frauenstimme.

›Das Ministerium für Liebe,‹ raunte George, ›Ok, dann gehe ich zuerst,‹ raunte ich zurück.

Mit unterdrücktem Grinsen aber ernsten Gesichtern betraten wir ein kleines Büro, wo eine uniformierte Frau hinter einem Tresen stand. Sie verlangte unsere Zettel, meinte, wir müssten je hundert Dollar Strafe bezahlen - ein Schnäppchen! Wir zahlten *cash* über den Tresen, die Frau händigte uns dafür eine Quittung aus und - oh Wunder, dazu auch unsere Schweizerpässe. Sie erklärte, die Sache sei damit erledigt.

Wir konnten es kaum glauben... für so viele Delikte bekamen wir gerade mal hundert Dollar Strafe - kein Gefängnis, keinen Landesverweis, gar nichts. Das hiess, wir durften also weiterhin illegal wohnen, arbeiten, Motorrad fahren und kiffen - das war wirklich generös von der amerikanischen Justiz. Ich verstehe bis heute noch nicht, wieso wir damals so glimpflich davongekommen sind.

Einige Monate später, bei der Ausreise am Flughafenzoll hatte ich einen bangen Moment – mein Touristenvisum war seit Monaten abgelaufen. Da der Richter quasi gesagt hatte, ich dürfe das Land für zehn Jahre nicht verlassen, war ich aufs Schlimmste gefasst. Kein Zöllner jedoch wollte meinen Pass sehen, es gab zum Glück keine Ausreisekontrolle – mir fiel ein Stein vom Herzen.«

Der Swami konnte nur noch mit dem Kopf schütteln.

»Deine Amerika-Geschichten sind wirklich toll, richtige Unikate, du solltest ein Buch daraus machen.«

»Das wäre wohl in Amerika verboten, Swami, und auf dem Rest der Welt ein Bestseller.«

»Ich kann dir sagen wieso ihr so glimpflich davongekommen seid«, meinte er, »Für die Amis wart ihr junges, gut ausgebildetes Frischfleisch aus Europa – die wollten euch behalten. Ihr habt beide gut verdient, habt als Spezialisten in grossen Konzernen gearbeitet, die wollten euch gar nicht mehr fortlassen. Ich denke, eure Arbeitgeber haben da ein gewichtiges Wort mitgeredet!«

»Vermutlich hast du recht, Swami, es muss wohl in diese Richtung gelaufen sein, anders ist das nicht zu erklären.«

An einem Morgen fuhr ich mit einer Rikscha, die Kühle ausnutzend, schon früh nach Pondicherry. Ich hatte mir in den Kopf gesetzt, endlich eine kleine Ganesh-Statue zu erwerben, die ich mir schon lange wünschte. Wenn möglich aus rotem Ton, maximal faustgross sollte sie sein.

Nach einem Frühstück im Hot Breads klopfte ich sämtliche Souvenirläden, Göttershops und Boutiquen von Pondi ab. Ich wurde nicht fündig, fand trotz langer Suche keine mir passende Ganesha-Statue. Entweder waren sie zu gross, zu plump, ohne Konturen oder aus Metall – ich hatte wohl etwas zu konkrete Vorstellungen. Meine letzte Hoffnung war ein Markt am Strand. In einem riesigen Zelt wurden dort sämtliche Götter und Heiligenstatuen Indiens angeboten. Aber auch dort wurde ich nicht fündig. Es gab dort tatsächlich Ganeshas aus rotem Ton. die aber eher einem Sparschwein glichen als einem Elefanten. Auf dem Rücken befand sich tatsächlich ein Schlitz, wo man Geld hineinwerfen konnte – das hatte ich auch noch nie gesehen, einen Sparganesh!

Um vier Uhr nachmittags hatte ich noch immer keinen Ganesha gefunden. Ich war müde, meine Füsse taten weh, etwas frustriert und resigniert beschloss ich, die Suche aufzugeben, zurück nach Hause zu fahren.

Gerade als ich nach einer Rikscha Ausschau hielt, mit der Hand winken wollte, erblickte ich – ich traute meinen Augen nicht, am Strassenrand, in der Gosse, im Dreck…eine kleine Ganesha-Statue aus rotem Ton, genauso, wie ich sie mir vorgestellt hatte. Ich bückte mich, hob den kleinen Ganesha aus der Gosse, dachte, »Wenn die Inder jetzt schon ihre Götter anfangen wegzuschmeissen, dann geht dieses Land bald bachab!«

Einige Inder guckten verwundert – ein Westler, der in der Gosse im Dreck wühlt??

»Du bist mein Ganesha«, sagte ich halblaut, »genau dich habe ich den ganzen Tag gesucht!«

Mit einem Taschentuch säuberte ich ihn ein wenig. Er war leicht beschädigt, eine Hand war abgebrochen. »Du hast zwar ein kleines *Handicap*, aber das macht mir nichts aus, du bekommst zu Hause einen schönen

Platz über dem Kamin, auf meinem indischen Altar, zusammen mit deinen Eltern Parvati und Shiva.

Der kleine Ganesha war glücklich und dankbar, dass ich ihn aus der Gosse gerettet und ihn wegen seines *Handicaps* nicht gleich wieder zurück dorthin geschmissen hatte.

Der Swami war sichtlich gerührt und beeindruckt, als ich ihm am Abend den Ganesha zeigte und ihm die Geschichte erzählte, wie wir uns gefunden hatten.

»Die indischen Götter scheinen dich sehr zu mögen! Das ist genau der Stoff, woraus die Magie der Zufallssynchronizität gewoben ist.

»Eno, was hältst du davon, mit mir zusammen zehn Tage lang zu fasten und dazu zu schweigen?«, fragte mich der Swami eines Morgens, als wir beim Frühstück sassen.

»Wow, zehn Tage lang fasten und schweigen?! Na ja, ich weiss nicht so recht...drei Tage würde ich vielleicht noch aushalten, aber zehn Tage? Hm...an mir ist sowieso nicht viel dran, laut Body-Mass-Index bin ich zwölf Kilo untergewichtig. Ich sollte eher eine Fress- oder Mastkur machen. Das Schweigen macht mir weniger Angst, aber so lange zu fasten geht an meine Substanz, schau mich an, Swami, ich bin sowieso nur Haut und Knochen.«

»Och, Eno, zehn Tage fasten ist überhaupt nichts, ich habe im Himalaja oben vierzig Tage lang gefastet und lebe immer noch! Wir sind beide so dünn, wir können gar nicht mehr abnehmen, mach dir keine Sorgen wegen deinem Gewicht.«

»Na ja, ich muss mir das noch genau überlegen. Wenn, dann möchte ich hundertprozentig dabei sein und nicht einfach so halbherzig zusagen.«

»Das ist eine gute Einstellung, Eno, wichtige Entscheidungen sollten überlegt, abgewogen und durchdacht sein. ich will dich zu nichts überreden oder drängen, deswegen möchte ich jetzt auch keinen langen Vortrag übers Fasten halten. Es ist deine freie Entscheidung. Wenn du nein sagst, ist das auch ok, ich schaue dich deshalb nicht als Schwächling an. Du musst mir auch nichts beweisen. Jene sind Schwächlinge, die etwas tun, um anderen zu gefallen, die keine eigene Meinung haben, die sich nicht selber sind.«

»Eines möchte ich noch gerne wissen, Swami, wieso schweigen wir zum Fasten?«

»Damit wir den grossen Geist besser hören!«

»Klingt einleuchtend...weisst du was, ich mache einen kleinen Morgenspaziergang am Strand, nehme ein Bad im Meer, lasse mir dabei die Sache durch den Kopf gehen.«

Eigentlich wusste ich die Antwort schon, wollte mir jedoch zuerst Gewissheit verschaffen auf was ich mich da einliess, was das bedeutete...

Ich spazierte ein wenig den Strand entlang, nahm ein ausgiebiges Bad, setzte mich eine Weile ans Ufer, sinnierte hin und her, liess den Sand von einer Hand in die andere rieseln, beobachtete ein Schiff in weiter Ferne. Nach einer Weile begab ich mich zurück zum Baum.

»Swami, ich habe mich entschieden, ich mache mit – wann fangen wir an?«

»Eno, das freut mich zu hören! Ich wusste, du würdest zusagen. Ich habe mich also nicht in dir getäuscht. Du wirst deine Entscheidung nicht bereuen. Wir besorgen uns aus dem Ayurweda-Shop einen speziellen Kräutersirup, der mit Mineralien angereichert ist. Von diesem Sirup nehmen wir dann jeweils täglich zwei Esslöffel voll. Wir bräuchten auch noch Salz, es ist fast keines mehr da.«

»Kein Problem, Swami, ich fahre morgen in die Stadt, besorge uns die Sachen.«

Am anderen Morgen fuhr ich mit dem Bus erneut nach Pondi. Natürlich beschloss ich, vor dem Fasten noch einmal so richtig gut zu essen, denn schliesslich gab es nachher für zehn Tage nichts mehr!

Als Erstes zog ich mir im Hot Breads einen Cappuccino und zwei Croissants rein. Danach suchte ich den Ayurweda-Shop, wo ich dreiviertel Liter des besagten Sirups und eine Dose Meersalz kaufte.

Im GPO traf ich auf Brian, einen Kumpel, den ich von Varanasi her kannte, wo wir zusammen ein Bad im Ganges, dem heiligen Fluss der Hindus, genommen hatten – Den Brief den ich Poste restante von Erica erhalten hatte, beschloss ich erst später zu öffnen.

Brian war 45 Jahre alt, Engländer. Er hatte unter anderem in Mexico bei Schamanen gelebt, verbrachte zwei Jahre als Schüler eines Indischen Swami, zudem verbrachte er eine lange Zeit in einem buddhistischen Kloster. Sein Hauptinteresse jedoch galt Halluzinogenen wie Ayahusca, Psylozibin oder Meskalin.

Brian und ich begaben uns ins Aristo-Restaurant, um ein Mittagsmahl einzunehmen. Während Brian sich ein relativ bescheidenes Essen und zum Trinken eine Soda bestellte, orderte ich mir drei Gänge, das Feinste vom Feinen, dazu zwei Flaschen Kingfisher Bier.

»He, Eno, was ist denn mit dir los?«, wunderte sich Brian. »Bist du unter die Feinschmecker gegangen, hast du im Lotto gewonnen, hast du Geburtstag?«

Ich erzählte ihm vom Swami, vom Baum, was ich dort so alles erlebt hatte und dass wir ab morgen zehn Tage fasten und schweigen würden.

»Wow, Mann, eine Wahnsinnsgeschichte!« staunte Brian, »da kann ich dich gut verstehen, dass du dir heute etwas Besonderes gönnst. Ich habe in einem buddhistischen Kloster vierzig Tage lang gefastet – ich habe dabei Erkenntnisse und Einsichten gewonnen, die ich so nie erkannt hätte, das hat mein Leben für immer geprägt und verändert!«

Nach dem Essen tauschten wir bei Kaffee, Lassis und indischen Nusstörtchen Reisegeschichten, Erfahrungen, Erlebnisse und Erkenntnisse aus - Brian hatte wirklich etwas auf dem Kasten, er kombinierte und analysierte die Dinge ähnlich wie der Swami.

Es war später Nachmittag, als wir uns verabschiedeten. Weil die Busse um diese Tageszeit hoffnungslos verstopft waren, die Leute sogar auf den Trittbrettern standen, nahm ich bis zu unserem Weiler eine Rikscha.

Dort begegnete ich dem Swami, der, eine Riesenportion Fischcurry verdrückend, bei Amukaram sass.

»Hallo, Swami, Alter, sieht so aus, als wäre das deine letzte Mahlzeit – die Henkersmahlzeit sozusagen!« witzelte ich.

»Hallo, Eno, auch du siehst aus, als hättest du ein paar Leckereien in dich reingestopft.«

»Allerdings! Ich habe getafelt und gebechert wie ein König. Zudem bin ich einem alten Kumpel begegnet.

Wir verbrachten den ganzen Nachmittag im Aristo beim Quasseln.«

»Das freut mich zu hören, Eno, dass du es dir hast gut gehen lassen. Morgen ist Schluss mit Fressen, Saufen und Rumquasseln – ab morgen ist Askese angesagt!«, sagte der Swami in scherzendem Ton.

Unter dem Baum öffnete ich endlich Ericas Brief:

> Lieber Eno,
>
> Wie geht es Dir? Ich hoffe du bist gesund und munter. Leider habe ich eine sehr traurige Nachricht für Dich. Dein Freund, unser Freund Angelo hat sich gestern das Leben genommen! Er hat sich in der Verena-Schlucht von einem Felsen gestürzt! Alle sind geschockt und traurig! Ich bin nur noch am Heulen! Ich wollte Dir noch vieles sagen, aber ich bin wie gelähmt, ich kann im Moment nicht schreiben!
>
> Lieber Eno, ich hoffe Dich im Frühling wieder zu sehen – Du fehlst mir sehr, gerade jetzt!
>
> In unendlicher Liebe
>
> Erica

Ericas eingetrocknete Tränen auf dem Brief vermischten sich auf dem Papier mit den Meinen. Ich sass da wie versteinert!

Nach einer Weile reichte ich dem Swami wortlos den Brief. Seine Tränen vermischten sich mit Ericas und den Meinigen.

Das war ein harter Schlag! – So plötzlich aus dem Nichts! Das Geschehene war so nah, aber durch die räumliche Distanz doch so weit weg.

Der Swami und ich verbrachten einen ruhigen, besinnlichen Abend.

»Eno, wir können das Fasten auch verschieben, wenn du möchtest, und an einem anderen Tag anfangen.«

»Ist schon gut, Swami, wir fangen morgen an – jetzt erst recht!«

Vor dem Zubettgehen spielten wir noch eine Partie Schach. Danach hielten wir eine Meditation, um uns auf das Kommende einzustimmen.

»Gibt es noch irgendetwas, Eno, dass du mich fragen oder mir sagen möchtest? Du weisst, ab morgen werden wir zehn Tage lang schweigen.«

»Hm...ich möchte dem grossen Geist danken, dass er mich unter diesen Baum geführt hat – zum Baum der Erkenntnis! Ich möchte auch dir, Swami, danken, dass du die Geduld hast, mich zu lehren, mich als deinen Schüler angenommen hast. Es bedeutet mir sehr viel, hier mit dir zu sein, unendlich viel – es ist ein Geschenk!«

»Bum Shiva!«, sagte der Swami und schwieg einen Moment.

»Auch ich möchte dir noch ein, zwei Dinge mitteilen. Zuerst übers Fasten: Damit der Hunger nicht unsere Organe und unser Gewebe aufzuessen beginnt, sollten wir uns viel bewegen – Strandspaziergänge, Schwimmen, Yoga. Es wäre falsch, einfach nur faul rumzuhängen, um Kalorien zu sparen.

Auch ich danke dem grossen Geist, dass er dich zu mir unter den Baum der Erkenntnis geführt hat. Ich danke dir, Eno, dafür, dass du mir dein Vertrauen schenkst. Ich mag dich sehr gerne, ich geniesse jeden Tag mit dir, du bist für mich wie ein Sohn geworden – Bum Shiva! Ich hätte da noch eine kleine Bitte, erzähl mir doch am letzten Abend vor dem grossen Schweigen noch eine deiner Amerika-Geschichten«.

»Kein Problem, Alter, wenn das dein letzter Wunsch ist...Mir solls recht sein. Also, einmal sass ich spät abends in Atlanta Down-Town, in der Nacht eine gefährliche Gegend, in einem ziemlich verkommenen Burger-King Restaurant. Nach einer Weile setzte sich einer dieser tätowierten Harley- Rockertypen mit langem, fettigem Haar und breiten Schultern zu mir ans Zweiertischchen. Ich wusste instinktiv, das gibt Stunk!

»Ich mag dein T-Shirt«, sagte der Typ.

An diesem Tag trug ich ein T-Shirt mit der Aufschrift: 'Let's get the shit together'.

»Danke fürs Kompliment, ich mag es auch.«

»Ich will dein T-Shirt haben, meinte der Typ mit finsterem Blick«.

»Ich kann doch hier drin jetzt nicht einfach mein T-Shirt ausziehen«, gab ich zu bedenken.

»Ich warte draussen auf dich, entgegnete der Rocker. Aus meinem Dialekt schloss er, dass ich vermutlich nicht aus der Gegend stammte und fragte mich, »Woher kommst du?« Da die Schweiz den Ruf von Reichtum und Geld verkörpert, sagte ich, »von Finnland«.

Der Rocker guckte ungläubig: »Willst du mich verarschen? So ein Land gibt es gar nicht!«

Es sah so aus, als verwechsle der Typ, Fin land mit End land, und so ein Land gab es wirklich nicht.

»Doch, doch...Finnland ist in Europa, Scandinavia«, entgegnete ich.

Der Rocker hatte sich offensichtlich verhört, oder irgendetwas mit Dracula durcheinandergebracht und raunte mit grimmigem Blick, »You fucking son of a bitch – Transilvania gibt es auch nicht, ich brech dir draussen alle Knochen, du motherfucker!« drohte er. – Mir war längst klar, dass die Amerikaner keine Ahnung von Geographie hatten, aber dass ich deswegen so in Schwierigkeiten geraten würde, hätte ich auch nicht gedacht.

Langsam hatte ich den shit nicht mehr together sondern in der Hose...der Rocker stand auf und begab sich nach draussen.

Durch die Fensterfront konnte ich beobachten, wie er draussen wild gestikulierend mit einem halben Dutzend ähnlich aussehenden Rockern sprach. Die ganze Bande schaute nun drohend, durch die Fensterfront zu mir herein...Mir wurde es verdammt mulmig zu Mute -Meinen Burger hatte ich schon längst gegessen, den Shake getrunken – Ich konnte ja nicht ewig hier sitzen bleiben!

Wie komme ich hier bloss raus...Plötzlich sah ich einen Hoffnungsschimmer. Ich stand auf und begab mich nach hinten zu den Kassen und raunte leise zu einer Verkäuferin, »I have a problem«, dabei deutete ich diskret auf die Fensterfront. Die Verkäuferin verstand augenblicklich die Situation und öffnete mir ebenso diskret den Hintereingang des Burger Kings. Für die Rocker sah es aus, als ginge ich auf die Toilette. Ich bedankte mich bei der hübschen Afro-Verkäuferin, schlüpfte durch die Hintertür, rannte zwei Blocks die Strasse runter und gelangte über einen Umweg unbehelligt in mein Hotel. Als ich am Morgen die Gardinen aufzog, um einen Blick nach Draussen zu werfen, sprang ich erschreckt, gleich wieder einen Satz rückwärts – in der Bar gegenüber, die draussen bestuhlt war, sass dieser Rockertyp mit einem halben Dutzend seiner Kumpane. Es war offensichtlich, dass sie den Hoteleingang beobachteten und die Fenster im Visier hatten – zum Glück blieb ich unbemerkt!

»Wie hatten die rausgekriegt wo ich wohne?« fragte ich mich. Vermutlich hatte die Rockerbraut, die mit am Tisch sass, einfach an der Hotelrezeption gefragt, ob hier ein junger Blonder wohnt, der ein T-Shirt mit einer abgebildeten Kloschüssel trägt. Vielleicht hatten sie die zahlreichen herumstehenden Prostituierten gefragt, denen ich auf dem Rückweg vom Burger-King begegnet war. Mein hastiger Gang und die Kloschüssel waren ihnen sicher auch aufgefallen.

»Oh shit«, dachte ich, »der Tag fängt ja gut an! Wie komme ich unbemerkt aus diesem Hotel?

Durch den Gardinenspalt beobachtete ich die Rocker, dabei kam ich mir vor wie im Wilden Westen – es fehlte nur eine Winchester! Es war zehn Uhr morgens, um elf Uhr, fuhr mein Greyhound-Bus nach Houston, Texas. Der Sitzplatz war gebucht und bezahlt. Ich musste in der nächsten Viertelstunde los – guter Rat war teuer!

Im Nebenzimmer hörte ich die Putzfrau staubsaugen. Ich fragte sie, ob das Hotel einen Hinterausgang hat. Sie verneinte und sagte es gäbe nur die Exit-Feuertreppe. Diese war leider nicht hinter dem Haus, sondern für die Rocker gut ersichtlich, auf der linken Seite des Gebäudes angebracht. Fieberhaft überlegte ich, spähte dabei aus dem Gardinenspalt...plötzlich sah ich meine Chance in Form eines gelben Schulbusses, der im Stossverkehr im Schritttempo langsam die Strasse hochfuhr. Ich hängte meinen Rucksack um, rannte die Hoteltreppe hinunter, dem Rezeptionisten rief ich, »Goodby, I'am too late«, bezahlt hatte ich zum Glück schon am Vortag. Als der Schulbus genau zwischen dem Hoteleingang und der Bar stand, trat ich, den grossen Bus als Deckung benutzend auf die Strasse und lief an dessen Seite einfach mit ihm mit. An der nächsten Kreuzung bog ich links ab. So schnell wie mich meine Beine trugen, lief ich zur der nahegelegenen Greyhoundstation. Dort stand der Bus nach Houston schon bereit, die Passagiere füllten langsam die Sitzplätze. Ich kaufte mir einen Kaffee dazu zwei Donuts, stieg in den Bus und setzte mich auf meinen reservierten Platz. Zehn Minuten später fuhr der Bus los – mir fiel ein Stein vom Herzen!

Und, ob du's glaubst oder nicht, Swami, auf dem Nebensitz sass eine bildhübsche, junge Inderin! – Ich war damals noch nie in Indien gewesen, sie war die erste Indische Person die ich kennenlernte. Die junge Frau war eben erst von Indien in die USA eingewandert und wollte Verwandte in Houston besuchen. Angeregt unterhielten wir uns während der ganzen Fahrt. Ich erzählte ihr von der Schweiz, sie erzählte mir über Indien. Für sie wiederum, war ich der erste westliche Mensch mit dem sie sich unterhielt. -Schon verrückt, da gibt es Millionen westlicher Menschen, und gerade ich war der Erste? Ich fühlte mich sehr geehrt und beschenkt...

Bei einem Zwischenstopp, als die Inderin sich gerade im Refreshment-Room aufhielt...sagte eine alte Amerikanerin, die eine Sitzreihe hinter uns sass, in keifendem Ton zu mir, »Passen sie bloss auf, diese Mexikaner klauen wie die Elstern!« Ich hatte langsam genug vom Amerikanischen Verständnis über den Rest der Welt und antwortete: »Hör mal du alte Schachtel, das ist keine Mexikanerin, das ist eine Inderin!«

Die alte Amerikanerin liess sich nicht beeindrucken: »Sie lügt, in Wirklichkeit ist sie eine Mexikanerin«, behauptete sie.

»Und sie, was sind sie? Sie lügen auch, in Wirklichkeit sind sie nämlich keine Amerikanerin, sondern eine Iranerin«, konterte ich. Innerlich regte ich mich fürchterlich auf, am liebsten hätte ich diese alte, hirngewaschene Tante an der Gurgel gepackt!«

Der Swami lachte und grölte, er war wie immer begeistert von meinen Geschichten.

Am nächsten Morgen praktizierten wir nach dem Aufwachen zuerst eine halbe Stunde Yoga, danach folgte eine etwa gleich lange Meditation. Seit ich jeden Morgen ein paar Yogaübungen tat, war ich um einiges beweglicher, gelenkiger geworden. Meine zuvor schlechte Haltung hatte sich entscheidend verbessert. Statt meiner geliebten Idlis mit Chutney gab es heute Morgen nur einen Esslöffel voll Sirup. Der Hunger war jedoch noch kein grosses Thema. Dafür bereitete mir das Schweigen – bis dahin eher als Nebensächlichkeit abgetan – einige Mühe. Es schien doch nicht so einfach zu sein! Mein Mitteilungsbedürfnis war grösser als angenommen.

Wie, fragte ich mich, sollte ich diesen Tag rumschlagen ohne jegliches Gespräch! Das versprach ziemlich langweilig und öde zu werden...Irgendwie verging die Zeit dann doch. Am Abend meldete sich ein leichter Hunger.

Nachdem wir am ersten Tag nicht viel getan hatten, reinigten und putzten wir am zweiten Tag schweigend unser Baumzuhause, wuschen sämtliche Klamotten, nahmen ein Bad im Meer. Den Nachmittag verbrachte ich mit Lesen in der Sri Aurobindo-Biografie. Am Abend nagte der Hunger beträchtlich. Ich träumte von einem Fisch-Curry.

Am dritten Tag, nach der Morgenmeditation, verfiel ich in eine Depression, einem Gefühl der

Sinnlosigkeit. Ich dachte: »Was soll dieser Scheiss? Das bringt's doch nicht! Wozu, für wen und warum soll ich mich so kasteien?« Ich war drauf und dran, die ganze Aktion abzubrechen. »Soll der Alte von mir denken was er will! Ist mir doch egal!«

Der Swami schien meine Gedanken zu lesen. Er legte seinen Arm um meine Schulter, blickte mir einen Moment lang in die Augen. Alsdann begaben wir uns runter zum Strand, wo wir einen langen Spaziergang unternahmen. Danach fühlte ich mich um einiges besser, war froh, dass ich durchgehalten, nicht aufgegeben hatte. Am Nachmittag las ich den Rest der Sri Aurobindo-Biografie. Der Lebensweg, die Gedanken, die Philosophie dieses Freiheitskämpfers und Gurus beeindruckten mich sehr.

Am Morgen des vierten Tages fühlte ich mich super gut, keine Spur mehr von Hunger. Meine Gedanken waren glasklar. Die Farben meiner Umgebung schienen intensiver als vorher. Das Grün unseres Baumes leuchtete noch grüner, das Blau des Meeres strahlte noch blauer. Auch die salzige Meeresluft roch intensiver. Trotz der indischen Hitze fröstelte ich leicht. Gegen Abend, als es nicht mehr so heiss war, joggten wir den Strand entlang. Ich staunte, wie viel Kondition ich trotz Nahrungsentzug noch hatte. In der Nacht träumte ich erneut ein abstraktes Durcheinander, das mit Worten kaum zu beschreiben ist.

Am fünften Tag empfand ich sämtliche Farben und Gerüche noch intensiver. Auch die Geräusche, das ferne Wogen der Brandung, das Zwitschern der Vögel, das Summen der Bienen empfand ich lauter, deutlicher als sonst. Ich fand, auch der Swami sah verändert aus. Mir fielen Züge an ihm auf, die ich bis anhin nicht wahrgenommen hatte. Zuweilen wirkte er sehr listig und lustig. Wenn ich ihn anschaute, musste ich einfach lachen.

Am sechsten Tag verspürte ich für einen Moment eine intensive Sehnsucht und Lust auf eine Frau. Ich wünschte mir, Erica wäre hier...Ob der Swami auch gerade an Lisa dachte? Ich fand überhaupt, unsere Gedanken waren oft sehr ähnlich oder gar die dieselben. Bisweilen hatte ich den Eindruck, wir kommunizierten zusammen, obwohl wir gar nicht sprachen, eine Art Telepathie. Seltsam...ob er das ebenfalls so empfand?

Am Morgen des siebten Tages schien es mir, als hätte ich vor lauter Träumen kaum geschlafen. Oft handelten die Träume von meiner Vergangenheit. Mir wurde bewusst, dass ich wohl einige Fehler in meinem Leben begangen, einige Chancen nicht genutzt und einige Beziehungen zu Frauen zu lange durchgezogen hatte.

Nach sieben Tagen des Fastens fühlte ich mich körperlich immer noch erstaunlich fit. Ans Essen dachte ich gar nicht mehr. Es kam mir eher eigenartig vor, überhaupt zu essen. Es schien mir seltsam, dass wir so viel Zeit rund ums Essen verwenden – Einkaufen, Kochen, Essen, Abwaschen, Aufräumen – ohne Essen hätten wir jeden Tag drei Stunden mehr zur Verfügung. Ich sah auch, dass ich mich oft, vor allem in Europa, falsch ernährte – zu wenig Gemüse und Früchte, zu viel Zucker, zu viel Fastfood!

Beim Joggen am Abend flog ich federleicht über den Strand. Die folgende Schachpartie spielte ich konzentriert wie noch nie. Der Swami gewann zwar immer noch, ich hielt mich jedoch um einiges länger, sah Möglichkeiten und Kombinationen, die mir vorher nicht aufgefallen oder in den Sinn gekommen wären.

Am Morgen des achten Tages, als ich nach der Meditation die Augen aufschlug, empfand ich, dass unser Baum lebt, eine Seele besass, er schien sich ganz leicht zu bewegen, die Aeste erschienen mir dabei wie lange Tentakel. Das Baumharz, das an einer Stelle tropfte, war das Blut des Baumes.

Der Swami erschien mir wie ein Wichtelmännchen aus einer anderen Zeit.

Am neunten Fasten- und Schweigetag waren meine gesamte Wahrnehmung, meine gesamten Sinne in jeder Hinsicht gesteigert. Endgültig kapierte ich, dass ich nicht zufällig unter diesem Baum gelandet war. Diese scheinbaren Verkettungen von Zufällen waren exakt getimte Ereignisse. Das scheinbare Chaos besass eine Ordnung!

Am zehnten Morgen des Fastens wachte ich schon früh auf. Bis zum Sonnenaufgang dauerte es bestimmt noch zwei Stunden...Der Swami sass, von zwei Kerzen beleuchtet, meditierend auf seiner Bastmatte. Einige Räucherstäbchen verströmten einen angenehmen Duft. Als er bemerkte, dass ich aufgewacht war, winkte er mich zu sich, dabei deutete er mir, ihm gegenüber Platz zu nehmen.

Geraume Zeit lang sassen wir schweigend da. Ich wusste, irgendetwas führte er im Schilde...Nach einer Weile entnahm er seinem Beutel ein Metalldöschen, welches ein grünbraunes Pulver enthielt. Von diesem Pulver rührte er je drei gehäufte Löffel in unsere Wasserbecher.

Langsam, in kleinen Schlucken nippten wir den bittersäuerlich schmeckenden Drink, den der Swami aus dem Kräuterpulver zubereitet hatte...

Ich schloss die Augen, leichter Schwindel erfasste mich, ich musste mich hinlegen. In weiter Ferne hörte ich einen Om-Gesang, der mich in ein orangenes Licht trug. Nach einer Weile öffnete ich meine Augen, das Orange blieb, ging nicht fort. So sehr ich mich auch anstrengte etwas zu sehen, ich sah nur oranges Licht. Eine Panik erfasste mich, ich hatte Angst zu erblinden, den Rest meines Lebens nur noch orange zu sehen. Nach einer Weile begann ich das Orange zu akzeptieren – eigentlich war es ja eine schöne Farbe, ich realisierte, dass es mein eigenes inneres Feuer war, zugleich war es das Feuer des ganzen Universums.

Langsam wich das orange Licht einem violetten Schimmer und löste sich schliesslich auf. Ich konnte wieder normal sehen. Eine tiefe Dankbarkeit ergriff mich, dass ich dieses Feuer hatte erfahren dürfen.

Der Swami sass unbeweglich, zu einer Shiva-Statue erstarrt, mit geschlossenen Augen, im Lotos auf seiner Bastmatte. Eine Welle der Zuneigung und Liebe durchflutete mich. Ich war unendlich glücklich, dass ich ihm begegnen durfte, dass er sich überhaupt mit mir abgab, dass ich sein Freund sein durfte.

Eine schwarze Krähe setzte sich nun auf einen Ast unseres Baumes, irgendwie wirkte sie sehr bedrückt und traurig. Nach einer Weile sah ich in der Krähe Angelo, meinen verstorbenen Kameraden.

»Eno«, sprach er, »verzeih mir, ich habe Scheiss gebaut, eine riesige Dummheit begangen. Ich habe mein wertvolles, kostbares Leben wegen nichts aufgegeben und weggeschmissen. Ich habe meinen Eltern, Geschwistern und Freunden einen schwarzen Schatten um die Seele gelegt. Ich habe tiefes Unrecht getan. Eno, du warst mein bester Freund, zusammen haben wir Indien bereist, so manches Abenteuer erlebt und endlose Gespräche geführt. Du warst der tiefgründigste, fantasievollste Mensch dem ich in meinem

Leben begegnen durfte. Eno, du wirst kein leichtes Leben haben, manchen Schicksalsschlag und manche Ungerechtigkeit ertragen und erleiden müssen. Auch wenn das Leben manchmal noch so aussichtslos und hoffnungslos erscheint – meinen Ausweg solltest du nicht wählen, er ist eine Sackgasse! Ich werde mich bald wieder reinkarnieren müssen, einen neuen Körper bekommen, noch einmal von vorne anfangen – und es wird nicht leichter werden. Eno, mein Freund, halte durch! Wir werden uns wiedersehen!«

Bei diesen Worten hüpfte die Krähe vom Ast und flatterte davon.

Erneut wurde mir schwindlig, ein Sog erfasste mich und trug mich in ein Ferienlager, in ein Achterzimmer mit sieben Kameraden, wo ich als Zehnjähriger drei Wochen verbrachte.

An einem Abend vor dem Lichterlöschen, wir sassen alle auf unseren Betten, unterhielt ich meine Kameraden mit selbsterfundenen, improvisierten Witzen und Komiker-Geschichten, in nachgeahmtem Englisch, Russisch oder Plattdeutsch. Dazu faxte und blödelte ich herum wie ein Clown. Als Requisite diente mir dabei eine alte stinkige Socke, zu der mir immer wieder neue Geschichten einfielen. Meine Kameraden bogen sich vor Lachen!

Plötzlich knallte die Türe unseres Zimmers auf, das Schloss und die Scharniere erzitterten! Der Lehrer Marti, ein grosser, korpulenter, grauhaariger Mann, stürmte mit hochrotem Kopf geradewegs auf mich zu. Er schlug mich mit seinen riesigen Pranken, die eher zu einem Bauarbeiter passten, regelrecht zusammen, alle Schläge auf den Kopf.

»Aufstehen, mitkommen!!!« schrie er. Als ich meine Hausschuhe anziehen wollte, brüllte er: »Ohne

Hausschuhe!!!« Dabei haute er mir noch einmal Eine runter, dass es nur so klatschte. Nun zerrte er mich nach draussen vor die Türe in den Gang. Mit einer Kreide zeichnete er beim rechten Türpfosten ein Kreuz auf den Boden. »Hier bleibst du stehen, bis ich wiederkomme«, befahl er in drohendem Ton. »Wehe, du rührst dich vom Fleck!«

Da stand ich also, ein kleiner Junge von zehn Jahren, völlig eingeschüchtert und demoliert, barfuss im Pyjama auf dem kalten Steinboden. Im Gang brannte eine schwache Nachtlampe, an der Wand tickte eine grosse Uhr, welche neun zeigte. Die Stunden vergingen langsam...ich hörte jede Sekunde. Im ganzen Haus war es still und ruhig, nur die grosse Uhr tickte. Vierzig Kinder schliefen in ihren Betten. Nur ich stand vor der Tür. Noch nie zuvor hatte ich mich so einsam und verlassen, so ohnmächtig und traurig gefühlt – ich war doch ein Kind in einem Ferienlager, das erste Mal ohne Eltern von zu Hause fort!

Um vier Uhr morgens, nach sieben Stunden, erbarmte sich die Frau des Lehrers und liess mich zurück ins Zimmer. Als es Zeit zum Aufstehen war, fühlte ich mich elend, zerschlagen und krank. Ich bekam eine Sommergrippe, hatte Fieber und musste für einige Tage im Bett liegen bleiben.

Ich setzte mich auf...Tränen rannen über meine Backen...Ich realisierte: in jener Nacht damals starb der Komiker, der Clown, der Unterhalter in mir! Er wurde regelrecht herausgeprügelt, anschliessend bestraft, die Krankheit gab ihm den Rest – nie mehr danach konnte ich den Clown, den Komiker spielen. Oft habe ich andere beneidet, wenn sie Faxen oder Fratzen schnitten, Possen rissen – ich konnte es nicht mehr, litt darunter, dabei war ich einmal ein Meisterclown...! Später versuchte ich, dieses Manko mit Coolness zu überdecken – mit Kälte jedoch gewinnt man keine Freunde! Ich war einsam – früher ein begnadeter Unterhalter.

Es wurde mir bewusst, wie viel dieser Lehrer Marti in mir zerstört hatte. Ich erfasste die ganze Tragweite. Dieser Lehrer hatte hunderte von Kindern auf dem Gewissen, hunderte verbrachten zwei lange Jahre in seiner Klasse unter seinen Fittichen. Wie viele liefen ein Leben lang, wegen diesem Tyrann als Psychokrüppel durch die Gegend?

»Lehrer Marti, du Dreckskerl, du Kinderschläger, ich hasse dich bis ans Ende meiner Tage, ich erschiesse dich, ersteche dich, du sollst auf ewig in der Hölle schmoren!«

»Eno«, sagte eine Stimme mahnend, ohne dass jemand sprach, »jetzt ist es genug, es reicht – mit Hass kommst du nicht weiter, es befreit dich nicht! Du musst dem Lehrer Marti von ganzem Herzen vergeben. Das Vergeben findet im Herzen statt!«

Wie sollte ich diesem Schwein je vergeben können? – Zu viel Leid hatte er mir und anderen zu gefügt.

»Du musst versuchen, ihm zu vergeben, es ist die einzige Chance«, mahnte mich die Stimme, »der einzige Weg, dich von diesem Trauma, dieser Blok-kade zu befreien, ansonsten hängt dieser Lehrer Marti wie eine Klette den Rest deines Lebens an dir. Mit Hass zerstörst du nur dich selber – dann hat der Lehrer Marti endgültig gewonnen! Du brauchst ihn ja nicht zu lieben, du musst ihm nur vergeben.«

Die Stimme hatte recht, sie sprach die Wahrheit. Das Gesagte schien mir absolut logisch. Ich setzte mich in Meditationsstellung, visualisierte den Lehrer Marti, atmete tief durch und konzentrierte mich auf mein Herz.

»Lehrer Marti«, sagte ich, »du hast mir einen grossen Schaden zugefügt. Ich habe darunter sehr gelitten. Auch dir hat irgendwann einmal jemand den Clown zerstört. Deswegen konntest du Kinder, die den Clown noch in sich trugen, nicht ausstehen. Sie erinnerten dich an deinen eigenen kaputten Clown, an dein eigenes Leiden. Du durftest kein Clown sein, also durften es die anderen auch nicht sein! Wie vielen Kindern hast du den Clown rausgeprügelt? Es gibt keinen Grund, dich zu hassen, auch du trägst dein Karma und wirst zur Rechenschaft gezogen. Ich vergebe dir aufrichtig von ganzem Herzen deine Tat.«

Wärme durchflutete mich, innerer Frieden breitete sich aus, mein Herz öffnete sich...der Lehrer Marti zerfiel langsam zu Staub, wie Graf Dracula am Schluss des Filmes – ich atmete durch, ich war frei!

Ich stand auf, holte meinen Rasierspiegel, schaute hinein, streckte die Zunge heraus, verdrehte die Augen, rümpfte die Nase, zog Fratzen, lachte und grölte – endlich, nach achtzehn Jahren hatte ich meinen Clown wieder gefunden! Ich dankte dem grossen Geist für dieses Geschenk. Auch der Clown war glücklich, er weinte vor Freude, dass auch er mich nach so langer Zeit wieder gefunden hatte.

Auf meiner Matte liegend, schaute ich zur Krone unseres Baumes. Er schien mir dabei so schön wie nie zuvor. Er offenbarte mir seine ganze Pracht, seine ganze Anmut, sein ganzes Wesen. Ich erblickte Muster, Ornamente, Mandalas, Farben, die ich an ihm noch nie wahrgenommen hatte. Die Baumkrone verwandelte sich in eine grüne Spirale, in einen grünen Wirbel, der sich immer schneller drehte, mich mit seinem Sog in sein Zentrum zog. Das Zentrum war ein grüner Tunnel. Mein Herz klopfte, ich bekam Angst. Was erwartete mich am Ende dieses Tunnels?

Wartete dort das Ende, wartete dort der Tod? Ich schüttelte den Kopf, wollte nicht in den Tunnel. Ich wandte mich von der Baumkrone ab. Sie zog mich jedoch unwiderstehlich an. Die grüne Spirale begann erneut zu drehen. Wieder wandte ich mich ab – Nein, ich wollte nicht – wieso auch, was machte das für einen Sinn...?

Aus weiter Ferne hörte ich die Stimme sagen: »Eno, sei nicht so ängstlich, das Ganze ist nur ein Spiel. Versuche es noch einmal.«

Es überkam mich ein Gefühl des feigen Versagens. Dieses feige Gefühl wurde so stark, dass ich es fast nicht mehr aushielt. Von neuem begann die Spirale sich zu drehen, das Tunnelzentrum drohte mich hineinzuziehen. Ich spürte am anderen Ende des Tunnels, auf der anderen Seite, erwartete mich etwas Wunderbares, was konnte das sein? Ich verspürte eine unglaubliche Angst vor dieser Ungewissheit – Nein, ich wollte nicht durch diesen Tunnel, der mir jetzt wie ein Geburtskanal erschien. Lieber den Rest des Lebens ein Feigling, als da hindurch! Der Druck des Feiglings, das schlechte Gefühl des Versagers jedoch, wurden immer stärker, drohten mich zu erdrücken. Zuletzt waren sie grösser als meine Angst vor dem Tunnel – es war nicht mehr auszuhalten! Ich musste mich der Spirale hingeben, musste durch den Tunnel, was auch immer mich auf der anderen Seite erwartete!

Tief atmete ich durch, entspannte mich, gab mich langsam der sich immer schneller drehenden Spirale hin. Das Zentrum rückte immer näher... Meine Neugier auf die andere Seite war jetzt grösser als meine Angst. Nun zog und riss mich der Sog mit aller Macht in den Tunnel – es gab kein Entrinnen mehr!

Weisses Licht erstrahlte, mein ganzer Körper, jede einzelne Zelle, bebte, vibrierte und erzitterte. In meinem Kopf explodierten Supernovas in allen Regenbogenfarben - ein orgastisches Glücksgefühl durchflutete mich! Auch der Baum zitterte und bebte. Zusammen verschmolzen wir, wurden All-Eins. Er schenkte mir all seine Kraft und Liebe, ich meinerseits schenkte ihm all meine Liebe und Kraft.

Ermattet löste ich mich langsam vom Baum, dankte ihm von ganzem Herzen für dieses Geschenk. Alle Bäume, Blumen, Sträucher und Gräser applaudierten, gratulierten mir für meine Leistung, Sie schenkten mir *Standing Ovations*, verneigten sich. Dankbar, in aller Demut, nahm ich ihre Huldigung entgegen.

Ich setzte mich nach draussen vor unseren Baum zu einem rötlichen Granitstein in der Grösse eines Getränkekastens. Bisher schenkte ich diesem Stein keine grosse Beachtung, er lag einfach so da. Nun fiel mir auf, dass er weit und breit der Einzige war. Der Boden hier war sandig, darunter lag rote Tonerde. Grosse Steine waren in dieser Gegend selten. Wie mochte dieser Stein hierher, an diesen Platz gekommen sein?

Eine Weile schaute ich ihn an... Auf einmal begann dieser "tote" Stein sich leicht zu verformen. Es war wie ein Atmen, er zog sich dabei etwas zusammen und expandierte wieder in die ursprüngliche Form. Er erinnerte mich an einen Schwamm mit ganz kleinen Kapillaren, er war nicht einfach tot, starr und leblos - er lebte! Das konnte nicht sein...Ich schloss die Augen. Dass Pflanzen ein Leben besassen, konnte ich akzeptieren, aber Steine - niemals! Steine sind tot!

Wie unter Zwang öffnete ich die Augen, konnte nicht anders, ich musste ihn einfach anschauen. Wieder begann der Stein zu atmen, zu leben, wollte mich in seinen Bann ziehen. Erschrocken schloss ich erneut die Augen. Ich hatte totale Angst, selbst ein Stein zu werden – für alle Ewigkeit ein Stein?

»Wieso, hast du so viel Angst, Eno, wieso bist du so feige? Das ist doch nur ein Stein,« sagte die ferne Stimme, »geh doch einfach ganz entspannt in diesen Stein hinein.« Abermals schaute ich den Stein an – nein, ich konnte nicht in den Stein hinein, nie und nimmer!

»Du kannst mich mal – was soll das ganze eigentlich? Lass mich doch endlich in Ruhe mit diesem blöden Stein!«

»Eno, du überdeckst deine Angst, dein Unvermögen, deine Feigheit mit Trotz«, entgegnete die ferne Stimme, »du bist ein feiger Trotzkopf.«

»Bin ich halt ein feiger Trotzkopf, mir doch scheissegal!« Ich fühlte mich jedoch mit diesem feigen Trotzkopf immer wie mieser, schlechter und unbehaglicher...

»Okay, okay, gehe ich halt in diesen Stein.«

Missmutig blickte ich ihn an, wollte die Sache hinter mich bringen.

»Eno, so funktioniert das nicht, du bist immer noch trotzig wie ein kleiner Junge. Du musst dein Herz öffnen und dich voller Liebe mit diesem Stein verbinden.«

Auch das noch – was der nicht alles verlangte! Ich begriff aber, dass dies die einzige Chance war, die schwere Last des Trotzkopfes loszuwerden.

Wieder schaute ich den Stein an. Eigentlich sah er gar nicht so übel aus – im Gegenteil, es war ein schöner Stein! Er besass eine ästhetische Form, auch seine Farbe gefiel mir.

Langsam entspannte ich mich...Langsam öffnete ich mich ihm...Behutsam zog mich der Stein in sich hinein. Ich ergab mich dem Stein! Er zeigte mir seine volle Pracht, Anmut und Schönheit. Wie konnte ich nur? Wieso hatte ich das nicht schon vorher bemerkt?

Immer tiefer glitt ich in den Stein, verschmolz mit ihm, wurde selbst zu Stein. Auf einmal gab der Stein einen Ton von sich – einen Milliarden Jahre alten Ton von unendlicher Tiefe und Schönheit. Dann begann er zu erzählen: »Auch wir Steine leben, wir sind das älteste Leben überhaupt – das Urleben. Wir leben auf dem Mond, auf dem Mars, auf der Venus. Wir leben im ganzen Universum. Wir sind die Grundlage jeglichen anderen materiellen Lebens. Wir leben jedoch so langsam, dass es für euch Menschen weder messbar, noch erkennbar, noch begreifbar ist – dennoch leben wir! Weil wir so langsam leben, leben wir praktisch ewig. Ein Atemzug dauert bei uns eine Milliarde Jahre. Du befindest dich in einem Zustand wo die Zeit aufgehoben ist, wo es keine Zeit mehr gibt. Es war schön, dich kennengelernt zu haben. Es ist sehr selten dass ein Menschenwesen das Steinreich betritt.«

Wieder überkam mich dieses wahnsinnige, orgastische Glücksgefühl. Dabei sah ich alles, was das Steinreich zu bieten hatte – glitzernde, funkelnde Kristalle, Smaragde, Saphire, Opale, Diamanten, den ganzen Reichtum, die ganze Pracht...es war überwältigend! Ich bedankte mich beim Stein, dass er mich in sein Geheimnis eingeweiht hatte, dass er sich mir offenbart hatte. Auch er bedankte sich bei mir, dass ich mich ihm hingegeben, ihm zugehört hatte.

Langsam löste ich mich vom Stein, begab mich wieder unter unseren Baum, wo ich mich auf meine Matte legte. Was wohl passierte als nächstes, welche Prüfung erwartete mich? So langsam begriff ich den Ablauf des Spiels, den Sinn der Prüfungen.

Erneut vernahm ich die ferne Stimme. »Eno, hast du eigentlich Tiere gerne, liebst du sie?«

»Ja, natürlich mag ich Tiere, ich liebe Tiere!«

Vor mir tauchte eine Herde Wildpferde auf, welche vom Leithengst angeführt durch die Prärie jagte.

In der Savanne lag eine Löwenmutter mit ihren zwei Jungen unter einem Baum. Ein paar Elefanten bespritzten einander in einem nahen Wassertümpel. Geschmeidig streifte ein schwarzer Panther durch den Urwald. Delfine tummelten sich im Wasser. Über allem schwebte majestätisch ein stolzer Adler.

Mein Herz tat einen Freudensprung, als ich Micky, die Hauskatze meiner Kindheit erblickte – wie oft hatte ich sie gestreichelt und liebkost. Als sie eines Tages von einem Auto überfahren wurde, trauerte ich tagelang.

Aus der Ferne hörte ich einen Hund bellen...

»Wie steht's mit Hunden, Eno, liebst du sie?«

»Na ja, als Kind wurde ich einmal von einem Hund gebissen, von einem Schäferhund, der Arno hiess. Danach fürchtete ich mich lange Zeit vor Hunden. Auch später, als Erwachsener, mochte ich sie nicht besonders... Nach einigen Anstrengungen und Mühen gelang es mir jedoch, die Hunde in mein Herz zu schliessen, sie zu mögen.«

»Wie sieht es mit Ratten, Spinnen und Schlangen aus?«, fragte die Stimme.

»Sie gehören zwar nicht gerade zu meinen Lieblingstieren...Nach ein paar Anläufen jedoch brachte ich es fertig, auch diese Geschöpfe der Natur zu lieben.«

Sehnlichst erwartete ich einen dieser erlösenden orgastischen *Flashes*, aber nichts geschah, anscheinend war die Prüfung noch nicht beendet.

Auf einmal flog ein ganzer Schwarm Moskitos unter unseren Baum. Natürlich rochen sie im Nu mein Blut, schwirrten bald alle über mir. In all den Wochen hier hatte ich noch keinen einzigen Moskito gesichtet. Obwohl sonst in Indien allgegenwärtig, unseren Baum mieden sie. Entweder mochten sie Cashewnussbäume nicht oder das Blätterwerk war ihnen einfach zu dicht – Heute schien ein aussergewöhnlicher Tag zu sein!

»Wie sieht es mit den Mücken aus?«, fragte die Stimme. »Du hast gesagt, du liebst alle Tiere – auch Moskitos zählen zu den Tieren. Es ist keine grosse Kunst, Pferde und Delfine zu lieben. Es ist jedoch eine grosse Kunst, Moskitos zu lieben.«

»Oh Stimme, du bist verdammt hart. Wie soll ein Mensch diese stechenden Blutsauger liebe können – das ist unmöglich!«

»Eno, nichts ist unmöglich, versuche es einmal! Stell dir einfach so ein kleines, liebes, niedliches Mücklein vor.«

Ich versuchte mich zu entspannen, mich zu öffnen...Nein, ich brachte es nicht fertig, ich konnte nicht!

Der erste Moskito setzte sich auf meinen Oberschenkel, ich zuckte mit dem Bein, er flog weg – auf meine Augenbraue. Mit der Hand klatschte ich nach ihm. Nun versuchten sie es zu zweit, einer an meinem Fuss, ein anderer auf meiner Stirn. Ich fuchtelte um mich. Das Gesumme des Schwarmes wurde unerträglich. Der Kampf mit den Moskitos dauerte geraume Zeit – aussichtslos, es waren ihrer zu viele! Schliesslich ergab ich mich, gab mich ihnen hin...»Stecht mich, saugt, trinkt mein Blut. Ich liebe alle Tiere, auch euch!«

Ich entspannte mich, öffnete mein Herz – und siehe da, der ganze Schwarm flog so schnell fort wie er gekommen war.

Eine Lichtspirale erfasste mich, es rauschte und bebte, ein gigantisches Glücksgefühl durchflutete mich. Ich ritt auf einem schwarzen Hengst durch die Prärie, auf den Schwingen eines Adlers flog ich über Berge und Täler, sprang mit einem Delfin über Wellenkämme, mit einem Schmetterling trank ich den Nektar einer Lotosblume. Ich verstand die Sprache aller Tiere. Sie gratulierten mir für meine Leistung, dankten mir, dass ich sie anerkannt hatte, sie achtete und respektierte. Auch ich bedankte mich bei ihnen. Ich war tief berührt, dass sie mir ihr wahres Wesen zeigten.

Aus weiter Ferne vernahm ich erneut die Stimme. »Eno, auch ich gratuliere dir, du hast die Prüfung des Steinreiches, die Prüfung des Pflanzenreiches, die Prüfung des Tierreiches sowie die Prüfung des Menschenreiches bestanden. Dies war der erste Teil deiner Prüfungen, es warten noch weitere Aufgaben auf dich!«

Ausgelaugt, zerschlagen, aber unendlich glücklich lag ich auf meiner Bastmatte.

Als ich aufschaute, sass der Swami meditierend im Lotossitz unter unserem Baum. Seltsam, ich hatte sein Zurückkommen gar nicht bemerkt...Vielleicht war auch gar nie weggewesen? Lange schaute er mich an.

»Eno, bist du fähig, ein Bettelmönch, ein Sadhu zu werden?«, fragte er mich, ohne dass er dabei wirklich sprach. »Bist du fähig, bis an dein Lebensende in Indien als Bettler zu leben?«

»Wow, Swami, ich denke nicht – unmöglich, das wäre knallhart!«, antwortete ich, ohne wirklich zu sprechen. »Eine härtere Lebensform könnte ich mir kaum vorstellen.«

»Es gibt Millionen Inder, die diese knallharte Lebensform tagtäglich leben«, entgegnete der Swami.

»Ich weiss, im Gegensatz zu mir sind sie jedoch in dieses Bettlerleben hineingeboren worden. Ich hingegen komme aus dem Westen, bin gebildet, habe Beziehungen, Freunde, Bekannte, Eltern. Das alles kann ich nicht einfach so loslassen, um in Indien ein Bettelmönch zu werden. Ich denke nicht, dass dies meine Berufung ist.«

Wieder kämpften in mir die zwei Stimmen – die eine beharrte auf meinen Argumenten, die andere sagte: Feigling, Versager, verwöhnter Weichling... Ich weiss nicht, wie lange dieser innere Kampf währte, ob er Minuten, Stunden oder gar Tage dauerte, ich hatte jegliches Zeitgefühl verloren. Ich fühlte mich zerrissen wie noch nie zuvor in meinem Leben. Meine innere Spannung wuchs ins Unerträgliche – entweder ein Bettelmönch oder ein feiger, verwöhnter Weichling...

Der Swami erschien mir auf einmal sehr bedrohlich. Ich wusste nicht mehr, wer er wirklich war. Vielleicht war sein ganzes Gehabe nur Show. Vielleicht war er gar kein Swami, sondern ein fieser Gauner, ein Verbrecher, der es die ganze Zeit nur auf mein Geld abgesehen hatte! Vielleicht war er ein Schwarzmagier, ein Hypnotiseur, wollte mich an den Punkt bringen, wo ich ihm mein Geld samt Reisepass aushändige, um dann zu verschwinden...

Ich bekam Angst! Was, wenn er plötzlich den Dreizack holte, mir diesen an die Gurgel hielt? In meinem Zustand war ich völlig hilflos. Womöglich war er zu all dem noch ein Ritualmörder, steckte gar mit dem Feuerbestatter unter einer Decke! Ich glaubte, hinter dem Santa-Claus-Bart, der nur als Tarnung diente, einen vierzigjährigen Mann zu sehen...Das nackte Grauen ergriff mich.

Ich stand auf, begab mich an jene Stelle, wo meine Wertsachen vergraben waren und begann, die Plastikdose aus dem Sand zu buddeln. Ich öffnete die Dose, entnahm meinen Reisepass, das Rückflugticket, die 2000 Dollar, legte alles zusammen vor den Swami auf die Bastmatte...Dann sah ich, dass ich wegkam. fluchtartig, barfuss, mit nur einer Shorts bekleidet, ohne eine einzige Rupie in der Tasche, lief ich den Strand entlang.

»Wenn das wirklich mein Schicksal ist, wenn der grosse Geist das wirklich will, werde ich halt ein Bettler in Indien. Ob König oder Bettler, vor dem Tod sind wir sowieso alle gleich.«

Es war heiss, die Sonne brannte unerbittlich, mir wurde schwindlig, ich taumelte und torkelte auf eine kleine Palmengruppe zu, sank in den Schatten auf den Sandboden, schloss die Augen. Eine Spirale erfasste mich, sog mich ohne Gnade in ihr Zentrum, in ein schwarzes Loch. Langsam wich das Schwarze, machte einem verschwommenen Bild Platz. Es wurde klarer, schärfer...Ich blickte auf eine grosse Stadt voll prächtiger Architektur, grosser Tempel und schöner Bauten. Am Horizont verschmolz die Stadt mit den Dünen einer weiten Wüste.

Ich sass auf einem Stuhl auf einer überdachten Terrasse, von wo aus ich diese majestätische Stadt überblickte.

Eine Hand fasste sanft die Meinige, eine weibliche Stimme sprach: »Echnaton, ist sie nicht wunderschön, unsere neue Stadt, im letzten goldenen Licht des Aton? Die Einweihungsfeier morgen wird ein grosser Tag für ganz Aegypten! Dann wird die Stadt des Aton die neue Hauptstadt von Aegypten sein.«

»Und du, schöne Nofretete, bist ihre Königin. Ab morgen wird über ganz Aegypten nur noch ein einziger Gott herrschen – Aton, welcher Licht, Wärme, und Leben spendet! Ich, Echnaton, Sohn des Aton, und du, Nofretete, Tochter des Aton, werden von seiner Stadt aus über das ganze Land herrschen.«

»Innigst hoffe ich, mein Gemahl, dass die entmachteten Amunpriester die morgigen Feierlichkeiten nicht stören, dass sie keinen Anschlag verüben.«

»Hab keine Angst, sei ohne Sorge. Sie werden es nicht wagen. Ich habe die Wachen und Zollposten verstärken lassen. Jeder Bürger, der von auswärts in die Stadt kommt, wird registriert und durchsucht. Zudem habe ich den Oberpriester Bekanchon wissen lassen: falls auch nur ein Amunpriester die Festlichkeiten stört, lasse ich alle Amuntempel im ganzen Land dem Erdboden gleichmachen!«

»Gewiss, mein Gemahl, morgen werden sie uns in Ruhe lassen. Aber wie wird es übermorgen sein? Die alten Priester üben immer noch grossen Einfluss aus und haben viel Macht. Weite Teile des Volkes huldigen nach wie vor den alten Göttern. Bekanchon wird alles tun, um seine Macht zu halten!«

»Ich weiss, meine Treue, dieser Schakal ist zu allem fähig. Oh, wie hasse ich diesen kalten Krieg um die Macht! Mein einziger Trost ist, dass wir mit den Hethitern und Babyloniern im Frieden sind.«

»Lass uns den Abend nicht verderben, mein Geliebter – Aton ist auf unserer Seite.«

»So sei es, schönste Tochter des Aton, es ist unser Abend, morgen ist unser Tag. Ich möchte heute Nacht ganz nahe bei dir sein, dich glücklich sehen – lass uns einen Kelch auf meinem Lager trinken...«

Dann, plötzlich, wechselte das Bild, die Szenerie, als würde man im TV auf einen anderen Kanal schalten.

Ich fand mich in einem Tipi wieder. Es war früher Morgen, ich war gerade aus den Büffelfellen gekrochen und schob die Plane am Eingang etwas zur Seite, draussen schneite es dicke weisse Flocken. Der nächtliche Schneesturm hatte eine grosse Schneewehe an die Ostseite unseres Tipis geweht. Heute war kein Tag zum Frühaufstehen! Ich zog die Plane wieder zu, begab mich zurück auf unser Lager.

Lange schaute ich in das Gesicht von Kleine Elster...wie schön sie war, wie anmutig. Friedlich schlief sie, eingemummelt in den Büffelfellen. Leise kroch ich zu ihr, dabei legte ich mein Fell über uns.

»Guten Morgen, Ein Elch«, sagte sie neckisch, sich an mich schmiegend.

»Guten Morgen, Kleine Elster, bei dir ist es ja so kuschelig warm. Draussen ist ein Hundewetter, da getrauen sich nicht mal die Blauröcke raus – ich bleibe heute den ganzen Tag bei Kleine Elster in den Fellen.«

»Das ist eine gute Idee, Ein Elch, lass uns einen gemütlichen Tag machen. Wir haben von gestern noch etwas gekochten Hund und Maisbrei übrig – was wollen wir mehr? Weisst du was, Ein Elch? Ich koche uns einen Kräutertee, derweil könntest du eine Pfeife Kinikinik stopfen, danach ist das Kuscheln besonders schön...«

»Kleine Elster, du weisst doch, dass das Rauchen bei den Cheyennes nur den Männern vorbehalten ist!

Wenn uns einmal jemand erwischt...! Aber mir soll's recht sein – auch ich finde das Kuscheln nachher noch schöner, das Einschlafen ist dann wie auf Wolken.«

»Du bist der tollste Mann, den es gibt, Ein Elch! Kein anderer Cheyennemann würde das mit seiner Squaw tun.«

Friedlich rauchten wir eine Pfeife Kinikinik, schlürften dazu einen Becher Kräutertee. Danach liebten wir uns, dass die Büffelfelle dampften...

Plötzlich...»Hast du das auch gehört? Kleine Elster, was kann das sein? Hört sich an wie ...Beim grossen Geist – Die Blauröcke!

Kleine Elster geh, lauf so schnell du kannst zum Fluss, versteck dich dort am Ufer, ich komme nach!«

In Windeseile streifte ich meine Leggins über, schlüpfte in die Mokassins, riss das Gewehr mit dem Kugelbeutel vom Haken, steckte das Messer in den Gürtel und stürmte nach draussen.

Dort bot sich mir ein wüstes Bild...Frauen schrien, Männer keuchten, Schüsse krachten, Säuglinge weinten, verängstigte Pferde wieherten. Ein Blaurock, der auf seinem Pferd sass, schwang seinen Säbel über meinem Kopf, er verfehlte mich um Haaresbreite. Natürlich hatte ich mein Gewehr nicht geladen. Mit dem Kolben schlug ich dem Blaurock einen Hieb aufs Knie, ich hörte die Kniescheibe knacken. Das Pferd bäumte sich auf, warf den Blaurock aus dem Sattel, dabei verlor dieser seinen Säbel. Mit dem Gewehrkolben voraus stürzte ich mich auf ihn. Er zog seinen Colt – ich war etwas schneller...Ein Kolbenhieb traf ihn am Schädel. Der Blaurock sackte zusammen, meine Flinte zerbarst dabei in zwei Teile. Ich riss seinen Colt an mich, rannte Richtung Fluss.

Ein Blaurock stach mit dem Säbel auf eine am Boden liegende Frau ein...Grosser Geist! – Es war kleine Elster! Blutüberströmt lag sie im weissen Schnee.

»Kleine Elster, ich...« Eine ohnmächtige Wut, ein gnadenloser Hass, eine unendliche Trauer übermannten mich.

Wie in Trance schoss ich mit dem Colt auf den Blaurock – vier Schuss, dann war die Trommel leer. Keine meiner Kugeln traf, ich hatte noch nie zuvor mit einem Colt geschossen. Ich riss das Messer aus dem Gürtel, stürzte mich auf den Blaurock. Hinter mir krachte ein Schuss, es musste ganz nah sein. Ich spürte etwas am Hinterkopf, der Boden unter mir gab nach, ich taumelte, es wurde schwarz...

Nach einer Weile wachte ich über einem dicken Lederband mit Platons Texten auf – ich musste wohl, wie so oft, beim Lesen eingenickt sein...Leises, aber eindringliches Klopfen riss mich aus meinen Tagträumereien.

»Wer kann das bloss sein? Hat man denn nie seine Ruhe!«

Missmutig stand ich auf, öffnete das Fenster.

»Elène, Kleines – du? Was machst du hier am Ende der Stadt?«

»Edmond, du musst sofort aus der Stadt fliehen«, keuchte sie ausser Atem, »die Garden der Revolution waren bei mir, sie haben nach dir gefragt, sie suchen dich!«

»Was du nicht sagst – was können die von mir wollen? Ich stehe ja nicht auf des Königs Seite. Von mir aus kann dieser alte Spinner abdanken. Er, der Hofstaat und der Adel haben wie Zecken das Volk ausgesogen, jetzt bekommen sie die Rechnung.«

»Edmond, es ist keine Zeit zum Diskutieren, die Revolutionsgarden und der Pöbel bringen jeden um, der nach Adel, Geld oder Hugenotte aussieht!«

»Elène, ich bin weder Hugenotte noch gehöre ich zum Adel, noch bin ich reich.«

»Sei nicht naiv, Edmond, du bist wohlhabend, gebildet, weit gereist – das reicht! Es hat seit gestern hunderte von Toten in der Stadt gegeben. Die Garden differenzieren nicht gross, sie halten auch kein Gericht. Jeder wohlhabende Bürger ist im Moment in höchster Gefahr – jeder, der gute Schuhe und teure Kleider trägt, verstehst du, Edmond!?«

»Das glaube ich nicht, ich habe doch nichts getan!«

»Edmond, du lebst in deiner Intellektuellenwelt, in deiner Bücherwelt, das ist aber nicht die reale Welt – die reale Welt kann weder lesen noch schreiben. Im Moment ist sie in Aufruhr. Ich flehe dich an, fliehe, bevor es zu spät ist! Die Garden können jeden Moment hier sein.«

»Elène, verdammt noch mal, wohin soll ich denn fliehen? Ich kann doch nicht einfach aus dem Haus und irgendwohin rennen.«

»Du musst nach Norden fliehen, Richtung Chantilly, meine Schwester wohnt ein paar Kilometer vor Chantilly. Auf dem Lande bist du sicher! Hier, ich habe es dir aufgezeichnet. Ihr Mann heisst Pierre Moulin – sie werden dich verstecken. Da nimm, ich habe dir etwas zu essen und ein paar alte Kleider mitgebracht. Du musst dich umziehen! in deinen feinen Klamotten fällst du zu sehr auf.«

»Also gut, Elène, ich danke dir. Hier, nimm etwas Geld, pass auf die Kinder auf – ich werde zurück sein, sobald sich die Lage wieder beruhigt hat.«

Gerade, als ich mich umziehen wollte, hörte ich draussen laute Männerstimmen, schwere Stiefel und Hundegebell. Eine Faust polterte an meine Türe.

»Edmond, du Verräter – aufmachen!« befahl schreiend eine Männerstimme.

Mit einem Satz sprang ich aus dem Fenster, hinter mir wurde die Türe eingetreten.

»Dort rennt er, er ist aus dem Fenster entwischt – verfolgt ihn, er darf nicht entkommen!« rief der Kommandierende.

Ich rannte so schnell ich konnte die Strasse hinunter, über ein Feld Richtung Wald, dicht gefolgt von den uniformierten Garden sowie zwei Hunden...Keine Chance, es war aussichtslos! Ich war nicht mehr der Jüngste, geriet schnell ausser Atem. Am Waldrand wurde ich von den Hunden geschnappt, zu Boden geworfen, Sekunden später umzingelten mich sechs Soldaten der Revolutionsgarde.

»Edmond Dupont!« schrie der Kommandierende. »Du bist ein Verräter, ein Günstling des Königs. Du warst auf der falschen Seite, hast dich schamlos am Volk bereichert. Das Blatt hat sich gewendet – jetzt haben wir das Sagen! Du wirst auf der Stelle hingerichtet, wegen Verrates am Volk.«

»Habt Erbarmen, lasst Recht und Gnade walten«, keuchte ich, »ich war nie auf der Seite des Königs, bin weder Hugenotte noch gehöre ich dem Adel an. Mein Geld ist ehrlich verdient. Ich habe es von den Reichen genommen, bestimmt nicht von den Armen – ihnen habe ich oft gegeben.«

»Schweig, du Verräter, du hast von diesem System profitiert! Der Steuereintreiber George Dorne hat gegen dich ausgesagt. Du warst mehrere Male zu Gast am Hofe, hast dich vollgefressen, während das Volk darbte – es lebe die Revolution, nieder mit dem König und seinen Getreuen!«

Aha, da hatten wir es! George Dorne, dieser eklige, neidische, kleine, falsche Steuereintreiber – konnte ich es mir doch denken, dieser feige Denunziant!

Ich sah, dass es keinen Sinn machte, mich zu rechtfertigen, mich zu verteidigen. Diese Leute waren von nichts und durch nichts zu überzeugen. In ihren Augen loderte der blanke Hass – sie konnten es kaum erwarten, mich tot zu sehen...

Ich musste mich an einen Baum stellen, dann wurden mir die Füsse aneinander und die Hände auf den Rücken gebunden. Die Garden luden ihre Musketen. Ein paar Schritte vor mir nahmen sie in einer Reihe Stellung – das also sollte mein Ende sein...Die Garden legten ihre Musketen an, Ich fixierte jeden Einzelnen von ihnen, schaute jedem Einzelnen in die Augen.

»Tut was ihr tun müsst! Ich sterbe hier und jetzt auf diese Weise. Auch euch wird der Tod eines Tages holen, auf die eine oder andere Art. Vielleicht ist euer Tod viel qualvoller als der Meinige. Vielleicht bekommt ihr eine Krankheit, ein Gebrechen, das jahrelang an euch nagt, euch peinigt. Schmerzen, die euch zum Wahnsinn treiben. So gesehen ist der Tod mir gnädig. Herr, verzeihe meine Sünden, vergib meine Schuld. Elène, ich liebe dich und unsere Kinder, möge Gott euch schützen!«

Die Musketen krachten, ich spürte ein paar heisse Stellen an meiner Brust. Mein Kopf schlug gegen etwas Hartes...

Eine schwarzweiss karierte Spirale begann sich zu drehen, zog mich ins Zentrum, in einen Tunnel. In dem Tunnel sah ich Elène, meine Kinder, die glücklichsten Momente, die schönsten Erlebnisse meines Lebens zogen noch einmal an mir vorbei...

Als ich die Augen aufschlug, lag ich in seltsam gekrümmter Haltung, die Hände auf dem Rücken, vor einem Palmenstamm.

Was für ein irrer Trip lief hier eigentlich ab? War das alles Wahnsinn, Vision, Halluzination? So langsam hatte ich Angst, nicht mehr zurückzufinden.

Ich setzte mich auf, schaute in die Weite des Meeres, verlor mich im unendlichen, weiten und tiefen Blau.

Eine ferne Stimme sprach: »Eno, deine Zeit ist nun endgültig gekommen. Bis hierher war alles Vorspiel, Vorbereitung – jetzt beginnt das eigentliche, wirkliche Spiel! Du musst jetzt endgültig von allem Abschied nehmen, dich endgültig vom Leben trennen.«

Mein Atem stockte, kalt lief es mir den Rücken hinunter...War das jetzt der Tod, der da sprach?

»Ja, ich bin der Tod«, sagte die Stimme, »ich bin ein Gesandter des grossen Geistes.«

»Ehrwürdiger Tod, wieso muss ich schon so jung sterben? Ich bin noch keine dreissig Jahre alt. Ich möchte so gerne noch die wahre Liebe und meine wahre Berufung finden.«

»Es tut mir leid, Eno, ich verstehe deinen Wunsch, du wirst zu gegebener Zeit noch einmal eine andere Chance bekommen. Deine Zeit hier auf Erden ist um!«

Die Worte des Todes klangen so klar, so eindeutig, so bestimmt – es musste wohl so sein! Mir blieb nichts anderes übrig, als mich mit dieser Realität abzufinden.

Eine unendliche Trauer und Resignation überkamen mich. So viel hatte ich noch tun wollen. Jetzt sollte ich alles loslassen, von allem Abschied nehmen - das war hart! Der Tod war ja nicht eigentlich das Problem, das Loslassen des Lebens war die Schwierigkeit!

»Allmächtiger Tod, es fällt mir unendlich schwer, aber wenn du meinst, dass meine Stunde geschlagen hat, so hat sie geschlagen. Ich akzeptiere deine Entscheidung, erkläre mich bereit und einverstanden, zu sterben.«

Ich legte mich auf den Rücken, streckte alle Viere von mir, schloss die Augen...Nach einer Weile fand ich es gar nicht mehr so schlimm zu sterben. Was hatte ich schon auf diesem kaputten, maroden Planeten verloren? Ich fühlte, dass es dort, wo ich jetzt hinkam, viel schöner, friedlicher, gerechter, viel erhabener war.

»Grosser Geist, ich bin bereit - von mir aus kannst du mich holen!«

Ich entspannte mich, atmete ein paar Mal tief durch, wartete auf den *Take-off*.

Auf einmal stand mein alter Freund und Schulkamerad Ferdinand vor mir, lange hatten wir uns nicht gesehen. Er war etwas älter geworden, im Wesentlichen jedoch sah er fast genauso aus wie damals. Ferdi war einer der witzigsten, lustigsten Freunde, den ich je gekannt hatte, ein richtiger Schalk. Er brauchte gar nicht viel zu tun, allein die äussere Erscheinung genügte. Die Hakennase zwischen den Eulenaugen, die schlaksigen, asynchronen Körperbewegungen, die unmöglichen Kleiderkombinationen lösten bei den meisten Menschen ein Lachen aus. Dieser Ferdi stand nun also vor mir...

»Hallo, Eno, Alter, was machst du denn hier? Du schaust gar ernst und traurig aus. - Was? Sterben willst du?! Jetzt mach mal halblang, das Leben ist doch viel zu schön, vor allem bist du noch viel zu jung! Komm, steh auf, lass uns an der nächsten Strandbar ein kühles Bier kippen.

He, Eno, kennst du den Unterschied zwischen einer Schlange und einer Autoschlange?«

»Hm...ich weiss nicht, Ferdi, ich würde meinen, die Schlange ist aus Fleisch, die Autoschlange aus Blech.«

»Falsch, Eno, es ist so...Bei einer Schlange ist das Arschloch hinten, bei einer Autoschlage ist es vorne...Wir mussten beide herzhaft lachen.

»Ferdi, es war schön, dich noch einmal zu sehen und mit dir zu lachen. Leider kann ich nicht mit dir kommen, mein Weg ist ein anderer.«

Bei diesen Worten löste Ferdi sich auf, er verschwand so schnell wie er gekommen war. – Dies war wohl ein Test gewesen, ob es mir wirklich ernst war mit dem Sterben. Erneut wartete ich auf den *Take-off*, versuchte mich zu entspannen, versuchte mich davon zu *beamen*.

Jemand fasste sanft meine Hand...Ich drehte den Kopf zur Seite.

»Kleine Elster, Elène, Erica, du...? Was machst du denn hier?«

»Ich begleite dich, ich komme mit dir!«

»Aber du kannst doch nicht einfach mit mir kommen, ich liege hier am Sterben...«

»Pssst...Eno, nicht reden, schau mir einfach in die Augen.«

Unsere Blicke trafen sich, Ericas Pupillen, wurden zu einer Regenbogenspirale, die mich langsam ins Zentrum, in die Iris, sog. Es schüttelte, vibrierte leicht, als würde ein Flugzeug, ein *Shuttle*, starten.

Nach einer Weile fanden wir uns im Weltraum wieder, auf unsere blaue Erde schauend – wie unendlich schön sie doch war, wie fragil, wie kostbar! Bei genauerem Hinsehen realisierten wir, wie krank diese wunderbare Erde leider war, befallen von einem gierigen Virus, der alles zerstörte und vergiftete. – Dieser gefährliche Virus war der Mensch! Die Menschheit als solche war habgierig, falsch, verlogen, hinterhältig, gemein, unwissend, dumm, kaputt und krank! – Diese Art von Menschheit war nicht meine Menschheit! Ich fühlte mich, als sei ich irrtümlicherweise auf dem falschen Planeten gelandet, war restlos glücklich und froh, diesen rückständigen, primitiven Planeten verlassen zu dürfen. Diesem Sumpf aus Intrige, Lüge, Hass und Missgunst weinte ich keine Träne nach. Mochte die Apokalypse doch kommen, diese Erde wie Sodom und Gomorra in einem Feuerball untergehen. – Mir wäre es eine Genugtuung! – Nur nicht reue und wehmütig zurückschauen - sonst erstarrte man womöglich wie Lots Weib zu einer Steinsäule...

Weiter und weiter entfernte ich mich von der Erde, sie wurde immer kleiner und kleiner, bis sie sich schliesslich im schwarzen Nichts des Weltalls auflöste.

Als ich meine Augen öffnete, lag ich auf einer bunten Blumenwiese, blickte in ein grünes Tal, wo sich ein türkisfarbiger Fluss dahinschlängelte. Neben mir, ich konnte es kaum glauben, sass Erica... lachend umarmten wir uns.

Um uns herum wuchsen wunderschöne Blumen, exotische Pflanzen, Früchte und majestätische Bäume wie wir sie noch nie gesehen hatten. Ein bunter Vogel. der im Geäst eines Baumes sass, sang eine zauberhafte Melodie, wie wir sie noch nie zuvor gehört hatten - Wahrlich ein wunderlicher Ort, es sah ganz so aus, als wären wir in einer anderen Welt, auf einem anderen

Planeten gelandet. Aus einiger Entfernung sahen wir eine Gruppe Menschen, die sich in unsere Richtung bewegten. Als sie etwas näher waren, konnten wir drei Frauen und ebenso viele Männer ausmachen. Sie trugen farbige, leichte Kleider, waren alle gross und schlank gewachsen, vollendet schöne Menschen von graziöser Gestalt und anmutigen Bewegungen. Mit offenen Mündern schauten wir ihnen zu. Sie schienen uns noch nicht bemerkt zu haben.

»Erica, was hältst du davon? Wir könnten diese Leute ansprechen, sie fragen wo wir uns hier befinden.«

Genau in dem Moment, als sie uns eigentlich sehen mussten, wir uns bemerkbar machen wollten, riss der Film und es wurde wieder schwarz...

»Eno,« sagte die ferne Stimme, die Zeit ist noch nicht reif für dich. Du musst wieder zurück auf deine Welt. Wenn dich diese Leute gesehen, du mit ihnen gesprochen hättest, wäre ein Zurück nicht mehr möglich gewesen. Du bekommst noch einmal eine Chance, die wahre Liebe zu finden. Zudem hast du noch eine Mission zu erfüllen. Diese Mission wird deine Berufung sein!«

Als ich erneut die Augen aufschlug, stand die Sonne fast senkrecht am Himmel, es musste um die Mittagszeit sein.

Ich war wieder hier, lebte, war nicht gestorben...Tränen rannen über meine Wangen. Ich bedankte mich beim grossen Geist, dass er mir noch einmal eine Chance gab. Ich beschloss, mein Leben fortan zu ändern, in Zukunft nicht mehr so achtlos durch die Welt zu gehen und auf die Stimme des Herzens zu hören. Ich begriff das wahnsinnige Geschenk des Lebens, verstand dessen Sinn und Bedeutung, wollte es nicht mehr vergeuden.

Mit zittrigen, weichen Knien erhob ich mich, ähnlich einem Kleinkind, das sich das erste Mal erhebt. Unsicher wankend tat ich die ersten Schritte in meinem neuen Leben.

Ich fühlte mich nun etwas klarer im Kopf, wieder einigermassen geerdet. Dieser Wahnsinnstrip schien langsam dem Ende nahe.

Ich begab mich an den Strand, setzte mich ans Ufer, liess eine Handvoll Sand von einer Hand in die andere rieseln, formte ein Sandküchlein, legte eine Verzierung mit ein paar Muschelschalen.

Meine Augen schweiften aufs Meer hinaus...erblickten auf der Oberfläche ein paar Zacken spitzer Flossen...Delfine! Eine achtköpfige Herde tummelte sich in Ufernähe. Gebannt schaute ich ihnen zu – welch graziöse, wendige Tiere!

Einer von ihnen schwamm ganz nahe ans Ufer, streckte den Kopf aus dem Wasser und sagte, ohne dass er dabei wirklich sprach, »He, was hockst du da im Sand? Komm doch ins Wasser, spiel mit uns.«

Wie in Trance stand ich auf, glitt ins Meer, hechtete über den ersten Wellenkamm und schwamm, eskortiert von dem einen Delfin, zu der spielenden Gruppe.

»Kennst du mich nicht mehr?« fragte er. »Ich bin derjenige, der vom Weg abgekommen ist, dem du mit deinem Freund das Leben gerettet hast. Das dort ist meine Familie.«

»Ah ja, jetzt erkenne ich dich, an der kleinen rosa Sommersprosse über deinem Auge. Ich wusste nicht, dass du eine grosse Familie hast, ich dachte du wärst eher ein Einzelgänger.«

Schnatternd begrüsste mich die ganze Delfinfamilie, alle waren sie sehr aufgeregt. Nacheinander schwamm jedes einzelne Tier zu mir, liess sich liebkosen, streicheln, umarmen. Sie vertrauten mir, ich vertraute ihnen!

Dann gaben wir uns dem Spiel hin. Ich schwamm mit ihnen, tauchte mit ihnen, liess mich durchs Wasser ziehen, verlor mich in der Ekstase des Spiels, löste mich auf, wurde selbst zum Delfin. Lange dauerte unser Spiel, immer wieder entfachte es von neuem, wollte nicht enden...bis ich langsam meine Kräfte schwinden spürte.

»He, Freunde, ich muss zurück ans Ufer, ich kann nicht mehr, ich bin müde. Es war sehr schön mit euch!«

Gleichzeitig, fast wie auf ein Kommando, tauchten die Delfine alle unter Wasser. Ich sah keine einzige Flosse mehr. Einen Moment später tauchten alle miteinander wieder auf. Acht Köpfe schauten aus dem Wasser. Die Delfine hatten sich im Kreis um mich formiert. Ich schwamm in ihrer Mitte, war der Mittelpunkt. Sie hatten mich in ihre Mitte aufgenommen.

Erneut tauchten die Delfine alle zusammen unter... als sie auftauchten, schwamm ich mit ihnen in einem Kreis, war Teil ihres Kreises. Ich war in ihren Kreis aufgenommen worden. – Ein wahnsinnig dankbares Glücksgefühl durchflutete mich. Ich fühlte mich sehr geehrt und beschenkt!

»Ich liebe euch, ich werde euch nie vergessen! Ihr seid meine Delfinfamilie.«

Ich schwamm zurück ans Ufer, mein Freund mit der rosa Sommersprosse begleitete mich dabei ein Stück, ich war am Ende meiner Kräfte. Als ich wieder festen Grund unter den Füssen verspürte, wendete er, glitt unter meinem Arm hindurch und schwamm zurück zu seiner Familie.

Völlig ausgepumpt, aber restlos glücklich setzte ich mich für einen Moment ans Ufer. Alsdann machte ich mich auf den Weg zurück zu unserem Baum

Als ich das Innere des Baumes betrat, sass der Swami friedlich im Schneidersitz auf seiner Matte.

»Hallo, Eno, da bist du ja! Ich denke, wir können jetzt das Schweigegebot brechen – Langsam habe ich mir Sorgen um dich gemacht, wollte gerade nach dir sehen.«

Sehr durstig, halb ausgetrocknet stürzte ich gierig drei grosse Becher Limonenwasser hinunter.

»Buh, Swami, du kannst dir gar nicht vorstellen, was ich heute alles erlebt und durchgemacht habe. Das war der härteste, wahnsinnigste, erkenntnisreichste Tag in meinem Leben. Was für einen Höllen-Schamanentrunk hast du mir da verabreicht?«

Merkwürdig fremd und ungewohnt klang meine Stimme nach zehn Tagen des Schweigens. Ich musste die Worte richtiggehend zusammenklauben, hatte einige Mühe, sie zu artikulieren.

»Junger Freund, beruhige dich, es ist alles so, wie es immer war. Das ganze Spiel hat nur in deinem Kopf stattgefunden. – Komm, setz dich.«

Eine Weile lang schaute mir der Swami in die Augen, dann sagte er: »Eno, ich weiss, was du durchgemacht hast, ich sehe es in deinen Augen. Der Trunk bestand aus vier Schamanen-Substanzen, ein Geheimrezept von meinem Lehrer aus Almora.

Du hast sämtliche Prüfungen bestanden, warst grossartig. Dass ich nicht eingreifen musste, ist der Beweis. Ich gratuliere dir! Ich wusste, du schaffst es, dein Potential habe ich schon am ersten Tag erkannt! Was hältst du davon, etwas essen zu gehen? Ich bin hungrig wie ein Löwe.«

»Gute Idee, Swami, ans Essen habe ich schon gar nicht mehr gedacht, doch jetzt, wo du davon sprichst, zieht's mir förmlich die Eingeweide zusammen. Essen, würde ich gerne etwas, obwohl mir das reichlich komisch vorkommt. Ich habe jedoch einige Mühe, mich in meinem Zustand unter die Leute zu begeben. Ich fühle mich sehr unsicher, sehr verletzlich.«

»Das kann ich gut verstehen, Eno, auch mich kostet es einige Mühe, wieder unter Menschen zu sein – weisst du was? Ich reisse mich zusammen und hole uns von Amukaram etwas Leckeres.«

Der Swami machte sich auf den Weg zu Amukaram. Aufgeregt und ungeduldig wartete ich auf das Essen. Ich war etwas enttäuscht, als er lediglich mit einer halben Portion Curryreis, zwei Chapatis und zwei kleinen Bananen zurückkam.

»Ein bisschen dürftig, Swami, für zwei Männer, die zehn Tage lang nichts zu beissen hatten, meinst du nicht?«

»Keine Sorge, Eno, ich wette, du magst nicht einmal das alles. Nach der Hälfte hast du bestimmt schon genug.«

Das Essen schmeckte sagenhaft. Noch nie empfand ich ein Essen so geschmacksvoll, so gehaltvoll, so aromatisch – es war eine Wonne für jeden einzelnen Geschmacksnerv! Der Swami hatte Recht, nach der halben Mahlzeit war ich schon fast gesättigt. Die Banane hob ich für später auf. Mein Magen war wohl etwas geschrumpft, die Verdauung musste sich langsam wieder einspielen.

Nach dem Essen übergab mir der Swami meinen Reisepass, mein Flugticket und mein Geld.

»Ich danke dir, Swami, es war ein sehr schwieriger Moment, als ich dir meine Wertsachen übergab, denn ich wusste auf einmal nicht mehr, wer du bist.«

»Auch für mich war es nicht leicht, dich in den Zustand der Angst zu versetzen – es musste jedoch sein! Erst durch das Loslassen alles Irdischen wurde es möglich, so weit zu gehen. Das Loslassen der Sprache, der Nahrung, des Besitzes, die Abgeschiedenheit und der Schamanentrunk, all das zusammen ermöglichte diese weite Reise.

Ich wurde auf einmal sehr müde, legte mich auf meine Matte und fiel kurz darauf in einen langen, tiefen Schlaf.

Mitten in der Nacht wachte ich fröstelnd auf. Mein Kopf schmerzte, die Stirn fühlte sich heiss an. Den Rest der Nacht verbrachte ich in dämmrigem Halbschlaf. Am Morgen fühlte ich mich elend und krank.

»Nach so viel *Brainstorming* eine durchaus normale Reaktion«, tröstete mich der Swami. »Dein Rechner ist ein bisschen überhitzt, das wird schon wieder.«

Am Nachmittag besuchte uns Caterina.

»Hallo Echnaton, begrüsste sie mich herzlich und scherzhaft, »du siehst aus, als wärst du mit Lichtgeschwindigkeit durch sämtliche Inkarnationen gesurft.«

»Guten Tag, Nofretete, erwiderte ich matt, »in der Tat, so ist es. Ich wusste nicht, dass wir uns schon so lange kennen! Ich bin im Moment noch etwas mitgenommen und ausgepowert von der langen Reise.«

»Das kann ich gut nachvollziehen, Eno, ging mir ebenso! Weisst du was, ich gebe dir ein paar ayurvedische Kräuterpillen – jeden Tag sechs Stück mit Wasser. In drei Tagen bist du wieder fit.«

Die folgenden zwei Tage verbrachte ich meist liegend auf meiner Matte, trank grosse Mengen Limonenwasser, ass ab und zu ein paar Idlis, Dosas oder Früchte, die der Swami vom Weiler holte.

Ich war am Verdauen und Verarbeiten des Erlebten, liess die ganze Reise noch einmal Revue passieren. Auch über meine zukünftige Berufung und meiner Liebe zu Erica dachte und sinnierte ich viel.

Ich spürte, dass meine Zeit hier mit dem Swami unter dem Baum sich langsam dem Ende zuneigte. Die ganze Geschichte brauchte Zeit und Distanz...Würde ich je begreifen können, was hier alles geschehen, was ich hier alles erlebt hatte?

Caterinas Kräuterpillen, die Fürsorge dess Swami und die Ruhe unter unserem Baum taten ihre Wirkung. Am dritten Tag war ich wieder einigermassen regeneriert und auf dem Damm.

»Hey, Swami, Alter, ich fühle mich heute um einiges besser, der Sturm in meinem Kopf hat sich gelegt. Ich habe viel rumsinniert die letzten zwei Tage. Ich glaube, so langsam kommt die Zeit, wo ich ans Weiterziehen denken muss, ans Abschiednehmen – vielleicht in zwei, drei Wochen.«

»Ich fühle das so ähnlich, Eno, hege dieselben Gedanken. Du bist jung, du musst weiter, ich bin alt muss nicht mehr weiter. Ich bin am Ende der Reise, dieser Platz hier unter diesem Baum ist mein letzter Ort auf diesem Planeten.«

In der folgenden Nacht träumte ich einen jener klaren, prägnanten Träume, die einem am Morgen nach dem

Aufwachen noch taufrisch in der Erinnerung, im Gedächtnis haften bleiben.

Ich befand mich auf einem Goldclaim am Yukon. Mit Schaufel und Pickel grub ich ein Loch in die Erde. Um mich herum gruben und schufteten viele andere Leute. Alle gruben sie verzweifelt an ihrem Loch. Einige der Grabenden hatten schon tiefe Gruben gegraben, andere kaum angefangen. Das Graben war sehr anstrengend, der sandige Boden stürzte immer wieder ein. Resigniert und frustriert wollte ich aufgeben, als ich plötzlich auf ein lederartiges Teil stiess. Das Teil entpuppte sich als ein Buch in einem Ledereinband. Ich freute mich, wieder einmal etwas zum Lesen zu haben...Als ich jedoch das Buch aufschlug, befanden sich darin nur leere weisse Seiten. Ich war enttäuscht, worauf mich die anderen Goldgräber alle schallend auslachten. Demzufolge wachte ich auf, war froh, dass das Ganze nur ein Traum war, ich mich nicht tatsächlich auf einem Goldclaim am Yukon befand...

Seltsamer Traum, was der wohl bedeuten mochte? Wieso waren die Seiten des Buches nicht beschriftet? Wieso waren sie leer? Wieso enthielten sie keine Geschichte?

Eine Weile des Sinnierens brachte die Antwort...es lag offensichtlich an mir, dieses Buch zu beschriften, den leeren Seiten Leben einzuhauchen. Ich alleine kannte den Inhalt, wusste was die leeren Seiten enthielten...Sie enthielten die Geschichte über meine Zeit mit dem Swami. Diese Geschichte aufzuschreiben war meine Berufung! Glücklich über diese Erkenntnis, schlief ich bald wieder ein.

»Hallo, Swami, guten Morgen« begrüsste ich ihn euphorisch, »weisst du was? ich habe meine Berufung gefunden!«

»Guten Morgen, Eno, das freut mich zu hören. Wie und wo hast du sie gefunden? Wie ist sie zu dir gekommen?«

»Ich habe sie ausgegraben, letzte Nacht, mit Pickel und Schaufel. Ich fand sie in Form eines Buches mit lauter leeren Seiten. Es ist meine Berufung, diese leeren Seiten zu beschriften – ihnen Leben einzuhauchen! Das Buch soll die Geschichte enthalten, die wir zwei zusammen hier unter diesem Baum erlebt haben. Was hältst du davon, Swami?«

»Eine tolle Idee«, meinte er begeistert, »eine schöne Berufung! Du hast den Traum richtig gedeutet! Ich sehe, du kommst der Sache langsam näher. Und, wie sieht es mit der Liebe aus, Eno? Hast du eine Antwort bekommen?«

»Ich denke, Swami, meine Liebe gehört Erica!«

»Das ist ein gutes Zeichen, dass du auch in dieser Frage weitergekommen bist. – Du stehst unter Shivas Gunst, er scheint dich sehr zu mögen! Shiva ist der Gott der Zerstörung und der Erneuerung. Ohne Zerstörung gibt es keine Erneuerung – alte Denkmuster, Gewohnheiten und Dogmen bedürfen der Zerstörung. Es ist nicht möglich, auf ihnen neu aufzubauen – Das ist das Prinzip Shivas, des Urschamanen!

Am folgenden Tag, gegen Mittag, fuhr ich mit dem Bus in die Stadt. Nach der langen Fastenzeit, den ewigen Idlis und Dosas, sehnte ich mich nach einer kulinarischen Abwechslung und etwas Zerstreuung.

Der Swami liess sich nicht überreden, er blieb lieber unter dem Baum.

»Du könntest mir etwas Süsses mitbringen, Kokosplätzchen oder so«, bat er mich.

»Kein Problem, du altes Schleckmaul, vielleicht finde ich irgendwo eine Schwarzwälder Torte«, witzelte ich.

Der Swami schluckte leer, sein Blick schweifte sehnsüchtig in die Ferne.

»Hey, Alter, bist du noch hier? Oder möchtest du lieber Erdbeertörtchen mit Sahne?«

Dem Swami entfuhr ein schmachtender Seufzer. Ich musste lachen.

»Was gibt's da zu lachen, du schadenfroher Kerl!« schimpfte er. »Mach, dass du wegkommst – wehe du kommst ohne Süssigkeiten zurück!«

Im Restaurant Aristo genoss ich, unter einem Sonnenschirm sitzend, ein Muttoncurry mit Reisbeilage, dazu gönnte ich mir eine Flasche Kingfisher-Bier. Danach tat ich einen ausgiebigen Spaziergang durch Pondycherris koloniale französische Altstadt, bestaunte die prächtige Architektur der Gebäude und Villen. Die Strassen waren fast menschenleer, ich fühlte mich um zweihundert Jahre zurückversetzt.

Um mich ein wenig auszuruhen setzte ich mich beim Kirchplatz auf eine Bank. Die Glocken der Kirche waren gerade am Läuten. Aus einem Hindutempel der in unmittelbarer Nähe stand, war ein Trommeln zu vernehmen. Ich war höchst erstaunt. Noch erstaunter war ich, dass der Takt der Trommel mit dem Schwingen der der Glocke übereinstimmte. Plötzlich setzte aus einer nahen Moschee der Muezzin mit seinem Gesang ein. Wow...mit offenem Mund und grossen Augen sass ich auf der Bank, so etwas hatte ich noch nie gehört! Der Muezzin passte hervorragend in den Glocken- und Trommeltakt. Es gab keine Dissonanz. Es klang wunderschön und harmonisch, ich war richtiggehend ergriffen – Das war wirkliche Oekumene! Ich wünschte mir, die ganze Welt sässe in diesem

Augenblick auf meiner Bank. Jeder polarisierende Politiker und religiöse Fanatiker sollte das jetzt hören – am besten auf LSD oder *Magic Mushrooms*. Diese Leute wären danach in einer Psychiatrischen Klinik oder für immer geläutert!

Da ich dem Swami nicht ohne Süssigkeiten unter die Augen treten durfte, kaufte ich für uns noch zwei Nusskuchen.

»Hallo, Eno«, begrüsste er mich, als ich wieder zurück war, »du kommst gerade recht zur Vesper, hab vorhin frischen Kaffee geholt, hoffe, du hast etwas dazu mitgebracht!«

»Klar, habe ich, du altes Schleckmaul, ohne etwas Süsses hätte ich mich gar nicht mehr zurückgewagt!«

Der Swami goss den Kaffee in die Becher, ich packte den Kuchen aus. Schmatzend und schlürfend sassen wir zusammen. Der Swami strahlte über beide Ohren, lobte den Kuchen in höchsten Tönen.

»Meine Grossmutter, Eno«, erzählte er mit vollen Backen, »kam aus Dresden. Zu Weihnachten hat sie Christstollen und Lebkuchen gebacken – Mann, wenn ich daran denke...siebzig Jahre sind das jetzt her!«

Am Abend spielten wir noch eine Partie Schach. Diesmal versuchte ich eine besonders schlaue Taktik, aber wie immer war der Swami noch schlauer.

Der folgende Tag begann wunderbar, es war einer jener Tage, wo Harmonie, Schönheit und Frieden ineinander verschmelzen, wo man sich mit dem Schöpfer und der Welt im Einklang befindet. Schon vor dem Sonnenaufgang sassen wir meditierend im Lotossitz vor unserem Baum. Am Horizont sah man den ersten rosa Schimmer. Für einen Moment lang stand die

Welt still, hielt sie den Atem an...dann, der erste goldene Strahl. Langsam, erhaben, stolz und mächtig stieg die Sonne aus dem dunklen Meer empor. Die folgenden Yogaübungen erlebte ich mit jeder Sehne, jedem Muskel, den Körper mit dem Geist durch den Atem verbunden.

Das anschliessende Frühstück genossen wir bei Amukaram. Auf dem Rückweg kauften wir uns je zwei grosse Trinkkokosnüsse. danach war wieder einmal baden und bodysurfen im Meer angesagt.

Da ich wusste, dass meine Tage beim Swami unter dem Baum am Meer gezählt waren, genoss ich jetzt alles doppelt und dreifach.

»Oh, Swami, ich glaube, ich bleibe hier, gehe nicht mehr zurück. Ich weiss gar nicht, was ich in der Schweiz soll. Mir wird ganz weh ums Herz, ich darf gar nicht daran denken.«

»Ich kann dich gut verstehen, Eno, ich denke aber, du musst dich jetzt um Erica und um deine Berufung kümmern!«

Am Abend sassen wir bei Kerzenlicht gemütlich beisammen, plauderten ein wenig, liessen den Tag ausklingen. Alsdann wünschten wir uns eine gute Nacht und rollten uns in die Decken. Friedlich schlummerte ich zum fernen Sound der Wellen ein.

»Hey, Eno!«. rief der Swami plötzlich, mich mitten aus einem Traum weckend. »Ich glaube, die Kobra hat mich gebissen.«

Ich riss die Augen auf, erblickte den Swami im Scheine einer Kerze sitzend.

»Swami, Mann, mach mich nicht fertig, erzähl keinen Scheiss!«

»Kein Scheiss, Eno, komm, sieh dir das hier an.«

Mit einem Satz war ich bei ihm. Im Kerzenlicht zeigte er mir seine linke Hand, die leicht angeschwollen war.

»Hier schau, am Handrücken, die zwei Einstiche da.«

Tatsächlich! Ein paar Zentimeter unterhalb des Ringfingers, auf dem Handrücken, waren ganz deutlich zwei kleine Einstiche zu sehen.

»Wie konnte das passieren, Swami?«

»Ich bin aufgewacht, musste pinkeln gehen, es war stockdunkel, ist Neumond, ich hab die Orientierung verloren und bin statt zum Ausgang, in die verkehrte Richtung gelatscht, direkt in den verdammten Reisighaufen hinein, dann bin ich gestrauchelt und voll auf den Haufen gefallen. Beim Aufstützen muss es dann passiert sein, ich hab den Biss deutlich gespürt, dachte aber, es wären Kakteen oder Dorngestrüpp. Ich hab dann noch gepinkelt und legte mich danach wieder hin. Die Hand fing immer mehr an zu schmerzen und wurde immer tauber, dann hab ich eine Kerze angezündet und nachgeschaut.«

»Wie lang ist der Biss jetzt her, Swami?«

»Ich schätze, vielleicht etwas über eine halbe Stunde.«

»Was so lange schon?! Das Gift ist längst in allen Bahnen, Swami, - Du brauchst schleunigst einen Arzt, ein Serum! Ich trage dich huckepack zur Strasse hoch, wir halten das nächste Auto an – *emergency case*! Ich gebe dem Fahrer ein gutes Bakschisch, der fährt uns direkt ins Spital.«

»Eno, nur keine Panik, fang nur nicht an zu stressen. Das Gift ist, wie du sagst, bereits in allen Bahnen. Vielleicht habe ich Glück, vielleicht hat sie nicht voll zugebissen – entweder überleb ich's oder nicht. Um diese Zeit kannst du lange warten an der Strasse, die Fahrt zum Spital dauert eine halbe Stunde. Du kennst die indischen Verhältnisse. Bis dann ein Arzt mitten in der Nacht mit dem entsprechenden Serum kommt, kann es eine Weile dauern - vergiss es, ich bleibe hier! Ich habe keine Lust, in einem fahrenden Auto oder auf den Fliesen eines Spitals zu verrecken, dann schon lieber hier, friedlich unter unserem Baum. Hier kann ich in aller Ruhe auf den Visionen des Kobragifts *abspacen*.«

»Swami, das kannst du doch im Ernst nicht wollen, lass es uns doch wenigstens versuchen - denk doch an Lisa, sie kommt ja demnächst zurück!«

»Eno, ich bleibe unter diesem Baum. Der grosse Geist wird schon richtig entscheiden - ich bin ein alter Mann, meine Tage wären sowieso gezählt.«

»Swami, du bist zweiundachtzig, und verdammt gut beieinander, du wirst *easy* zweiundneunzig!«

»Eno, du bist eine harte Nuss! Ich bin am Sterben, und nicht du, und ich will so sterben wie ich will!«

Was sollte ich machen? der Swami war nicht fortzubewegen - ich konnte ihn ja nicht zwingen! Ich verstand seine Logik durchaus. Trotzdem, ich hatte Mühe, einfach nichts zu tun, einfach so abzuwarten.

Eine Weile sagte ich nichts mehr, zündete noch eine weitere Kerze sowie die Petroleumlampe an.

Plötzlich fuhr ein krampfartiges Zucken durch Swamis Körper, worauf er sich hinlegte.

»Swami wie fühlst du dich?«

»Es ist mir kalt, wie Fieber - von der Bissstelle her kriecht ein Brennen den Arm aufwärts, im rechten Bein habe ich kein Gefühl mehr.«

»Oh, *Shit*, Swami - Mann, was soll ich nur tun?«

»Bleib einfach ruhig, Eno, reg dich nicht auf.«

»Deine *Coolness* möchte ich haben, Swami!«

Wieder zuckte es krampfartig durch seinen Körper.

»Oh weh, so langsam fährt das Gift ein. Eno, ich denke das war eine hohe Dosis!«

Ich nahm Swamis Hand in die Meinige. Ruhig, mit geschlossenen Augen lag er da.

»Eno, dies ist meine letzte Reise«, sagte er dann leise. »Der grosse Geist hat es mir soeben mitgeteilt. Er hat die Gestalt einer silbernen männlichen und einer goldenen weiblichen Kobra angenommen. Die goldene Kobra hat mir viel erzählt. Auf meine Fragen gab immer die silberne Kobra Antwort. Am Ende haben sich beide vereinigt. Und mir wurde klar, dass sie die verschlungene Doppelhelix der DNA symbolisieren. Das Kollektivbewusstsein des gesamten Universums ist in der DNA gespeichert. Yoga und Schamanentechniken sind Werkzeuge um mit der DNA zu kommunizieren.«

Der Swami richtete sich auf, setzte sich in den Schneidersitz. Aus seinem Beutel entnahm er die braun eingebundene, goldbeschriftete *Bhagavad-Gita*. Ich zündete drei Räucherstäbchen an, setzte mich dem Swami gegenüber, irgendwie war mir ganz feierlich zumute, wenn auch auf eine sehr melancholische, traurige Art.

Zwischen den Seiten der Gita entnahm der Swami zwei Ein-Dollar-Geldscheine, die er mir überreichte.

»Einer ist für dich, der andere für Erica«, sagte er, »eigentlich wollte ich sie dir bei deiner Abreise, zu unserem Abschied überreichen, jetzt aber sieht es so aus, dass ich vor dir abreise.

Diese Ein-Dollarscheine sind persönliche Eintrittskarten zu einem magischen Event, zu einer speziellen

Party, zu der du und Erica herzlich eingeladen seid. Wenn du genau hinschaust, findest du auf diesen Tickets deinen und auch Ericas Namen.

Ich hielt die Dollarscheine in meinen Händen, auf der Vorderseite blickte mir George Washington tiefsinnig in die Augen. Auf der Rückseite, von der Pyramidenspitze aus, zwinkerte mir vertraulich das Sirius-Auge zu. "NOVUS ORDO SECLORUM", hiess es geheimnisvoll. Darunter stand in riesigen Lettern "ONE".

Ich wusste nicht so genau, wie ich Swamis Aussage interpretieren sollte, auf jeden Fall konnte ich nirgendwo meinen oder Ericas Namen erkennen.

»Lies einmal "ONE" rückwärts, halt der Swami nach...

»ENO«, las ich staunend.

»Und nun schau dir das andere Ticket an«, sagte er lachend, »dort findest du den Namen deiner Freundin.«

Ich drehte, wendete den Dollarschein, las alle Wörter vor- und rückwärts – nirgends konnte ich Ericas Namen ausmachen.

»Halt mal den Zeigefinger auf das "AM" bei AMERICA« halt er erneut.

»ERICA, hey, Swami ich glaube es ja nicht, wie nur konnte ich das übersehen! Swami sag, was hat das alles zu bedeuten?«

»Ich kann dir nur so viel sagen, Eno, es wird eine hochkarätige Party sein! Der grosse Geist wird dir rechtzeitig mitteilen, wann und wo der Event stattfinden wird.«

Erschöpft legte sich der Swami wieder hin. Er röchelte, rang nach Atem. Es zerriss mir fast das Herz, ihn so liegen zu sehen – verdammte Kobra! Ich war drauf und dran, den verfluchten Reisighaufen abzufackeln.

Dem Swami ging es nun merklich schlechter, Schweissperlen bedeckten seine Stirn. Die Hand war sehr stark angeschwollen, die Bissstelle hatte sich violett verfärbt. Mir wurde klar, dass ihn die Kobra voll erwischt hatte. Dieser Dosis Gift hatte der 55 Kilo schwere Swami nichts entgegenzusetzen – das war *too much*!

Geraume Zeit sass ich, seine Hand haltend, im Schneidersitz neben ihm. Ab und zu tupfte ich mit einem feuchten Tuch die Schweissperlen von seiner glühenden Stirn.

»Eno,« sagte er dann leise, »Sag Amukaram Bescheid, wenn ich gestorben bin. Er wird's dem Feuerbestatter melden. In meinem Beutel ist genug Geld, um die Kremation zu bezahlen.«

Ich schluckte leer...

»Du bist wie mein Sohn, Eno, ich mag dich sehr gerne. Es wäre mir eine Ehre, wenn du die Feuerzeremonie leiten würdest. Lass Lisa und Caterina herzlich grüssen, sag ihnen, dass ich sie von ganzem Herzen liebe.«

Der Swami drückte meine Hand etwas fester...

»Eno, auf Wiedersehen...auf unserem Heimatplaneten...«

»Auf Wiedersehen, Swami, Alter, ich liebe dich. Ich danke dir unendlich für alles, was du mir gegeben hast und wünsche dir von ganzem Herzen eine gute Reise!«

Der Swami schloss für immer die Augen.

Ich weiss nicht, wie lange ich neben ihm sass, unbeweglich, zur Steinsäule erstarrt...

Als die tieforange Sonne aus dem Meer auftauchte, löste sich meine Spannung. Der Schmerz und die Trauer überwältigten mich...Ich heulte hemmungslos.

Ein neuer Tag brach an in Indien - ohne den Swami!

Als ich mich einigermassen gefasst hatte, begab ich mich zu Amukaram, der gerade im Begriff war, seinen Foodstall zu öffnen. Amukaram reagierte sehr bestürzt, brach in lautes Wehklagen aus, als ich ihm vom Hinscheiden unseres Freundes berichtete.

Im Nu verbreitete sich die traurige Nachricht im ganzen Weiler. Die Leute, vor einigen Augenblicken noch geschäftig und schwatzend, schauten nun traurig und betroffen. Noch konnte niemand die Nachricht wirklich fassen.

Amukaram offerierte mir einen Kaffee, den ich schweigend in kleinen Schlucken trank, zu essen vermochte ich nichts.

Er erklärte mir, die Kremation fände am selben Abend statt, er werde alles Nötige organisieren, sich um alles kümmern, ich solle mir keine Sorgen machen, solle am besten wieder zurück zum Baum gehen und abwarten.

Amukarams Frau überreichte mir ein zusammengefaltetes grosses, weisses Tuch...Ich wusste, was ich damit zu tun hatte...

Ich begab mich zurück zu unserem Baum. Der Swami lag friedlich auf seiner Matte, als schliefe er. Eine Sequenz lang hoffte ich, die ganze Geschichte sei nur ein Traum, den man nicht wahrzuhaben brauchte, den man abschütteln konnte.

»Hey, Swami, Alter, aufstehen - Zeit fürs Frühstück!«

Leider, der Traum liess sich nicht abschütteln, verflüchtigte sich nicht, löste sich nicht auf.

Schweren Herzens breitete ich das weisse Tuch auf dem Boden aus. Sachte hob ich den Swami auf, er war federleicht, legte ihn behutsam darauf. Noch einmal schaute ich in sein Antlitz, legte seine Handflächen aneinander, zum indischen Gruss. Dann schlug ich die Enden des Tuches über ihn. Lange Zeit sass ich neben ihm, apathisch, abwesend, unfähig mich zu rühren

Ich nahm kaum wahr, als Caterina sich neben uns setzte. Stumm hielten wir uns an der Hand...Ich war froh, nicht mehr allein zu sein. Irgendwann erzählte ich ihr, was sich letzte Nacht zugetragen hatte.

Am späten Nachmittag kam der Feuerbestatter vorbei, schleppte mit seinem Fahrrad mehrere Male eine Menge Holz an. Ich half ihm dabei, es abzuladen und aufzuschichten.

Beim Anblick dess toten Swami brach er, der tagtäglich mit dem Tod zu tun hatte in lautes Wehklagen aus, schlug sich mit der Faust auf die Brust. Als er sich beruhigt hatte, hoben wir zusammen die Kremationsstelle aus, belegten die Mulde mit einer Schicht Holz und Stroh. Sorgfältig betteten wir den toten Swami darauf, bedeckten ihn vorsichtig mit dem restlichen Holz.

Caterina bereitete die Lehmpampe zu, welche sie in einer dicken Schicht als Hitzeschild auf den Scheiterhaufen strich. Inzwischen hatten sich an die hundert Männer auf unserem Kremationsplatz eingefunden. Alle erwiesen sie dem Swami die letzte Ehre. Ich war überwältigt, kämpfte andauernd mit den Tränen.

Auch Bernhard, der Anthroposophe, war anwesend. Er überreichte mir die Fotos, die er vor ein paar Wochen vom Swami und von mir gemacht hatte. (Eines davon ist auf dem Cover dieses Buches).

Der Feuerbestatter sprach nun ein langes klagendes Gebet, welches er in einem monotonen Singsang vortrug. Daraufhin reichte er mir einen Tonkrug mit Petroleum.

Ich bekam wacklige Knie...jetzt nur nicht schwach werden...Ich umrundete dreimal den Scheiterhaufen, wobei ich aus dem Tonkrug das Petroleum aufs Holz sprenkelte. Alsdann überreichte mir der Feuerbestatter eine brennende Fackel, mit der ich den Scheiterhaufen entfachte. Mit der brennenden Fackel in der Hand, stellte ich mich davor – begann das heilige Om zu singen. Langsam stimmte die Trauergemeinde ein, fand sich im gemeinsamen Ton – im Urton des heiligen Om. Ich war zutiefst ergriffen, zutiefst berührt, zutiefst bewegt. Die Anteilnahme dieser Menschen bedeutete mir unendlich viel. Niemand nahm Anstoss daran, dass ich, wie auch letzten Endes der Swami, ein Weisser aus dem Westen war, ein Nicht-Hindu – zu dieser Toleranz, dieser Grosszügigkeit und Akzeptanz sind nur die Inder fähig!

Als der letzte Ton des OM verklungen war, entfernte sich die Trauergemeinde. Nur der Feuerbestatter, Caterina und ich blieben zurück. Nachdem wir etwas gegessen hatten, verabschiedete sich auch der Feuerbestatter. Lange schauten wir uns in die Augen, drückten einander fest, wünschten uns gegenseitig für die Zukunft alles Gute.

Caterina und ich sassen die ganze Nacht über am Feuer, rauchten Ganja-Shilums, hielten Totenwache. In jener Nacht haben Caterina und ich uns das erste und einzige Mal geliebt. Es war eine wunderschöne, sanfte, tiefe, melancholische Vereinigung. In jener Nacht haben wir uns das Kostbarste zweier liebender Menschen geschenkt...den vollen Ausdruck der Seele... Geredet wurde nicht viel. Zu sehr war jeder für sich mit seiner eigenen Trauer, seinen eigenen Gedanken beschäftigt. In den frühen Morgenstunden, noch vor dem Sonnenaufgang, verabschiedete sich auch Caterina. Es wurde ein herzlicher, ergreifender Abschied. Wir tauschten unsere Adressen aus, versprachen, in Kontakt zu bleiben. Caterina nahm Swamis Beutel und einige Sachen an sich, um sie später an Lisa zu übergeben. Ich behielt das Schachspiel und die Reispapierrolle mit den 24 Spielregeln als Erinnerung.

Nun war ich ganz alleine unter unserem Baum – ein Teil von mir wollte für immer hierbleiben!

Als die Sonne aus dem Meer aufstieg, riss ich mich zusammen, erhob mich, suchte einige Knochenstücke in der noch heissen Asche, wickelte diese in ein Seidentuch, und vergrub sie zusammen mit dem Dreizack unter unserem Baum.

Alsdann packte ich mein Bündel, nahm endgültig Abschied von meinem Schamanen-Swami und vom Baum der Erkenntnis. -Das letzte Mal den Weg, von unserem Baum, vorbei am Ziebrunnen, wo ich Shanty ab und zu getroffen hatte, zu Amukarams Foodstall, war der schwerste Gang meines Lebens!

Nachdem ich bei Amukaram noch einen Kaffee getrunken hatte, verabschiedete ich mich auch von ihm und seiner Frau Usha. Auch dieser Abschied war sehr schwer, wir weinten alle drei.

Mit einer Rikscha fuhr ich nach Pondicherry, checkte in die Amala-Lodge ein und liess mir von einer Reiseagentur den Rückflug bestätigen. Danach begab ich mich auf die Post, wo ich ein Telegramm mit folgendem Inhalt aufgab:

DEAR ERICA – PLEASE WAIT FOR ME – I AM - COMING HOME ON 23.4. - I LOVE YOU -- ENO